Hospedaria de Imigrantes
de São Paulo

Coleção São Paulo no Bolso

Coordenada por Palmira Petratti-Teixeira (Unesp) e Maria Izilda Matos (PUC-SP).

A Coleção São Paulo no Bolso privilegia temas ligados aos espaços dessa cidade, aos personagens da sua história e a figuras identificadas com seu desenvolvimento.

Em linguagem fluente, acessível e ágil, os livros da coleção apresentam textos envolventes e ricos em informação, escritos por profissionais experientes, muitos deles acadêmicos especialistas no assunto.

A Coleção São Paulo no Bolso coloca à disposição de pesquisadores, de estudiosos e do grande público trajetórias e experiências vivenciadas na cidade, trazendo uma contribuição à cultura, à memória e ao patrimônio de São Paulo.

Outros títulos

José Ermírio de Moraes
Maria Aparecida de Paula Rago

A construção do estádio do Pacaembu
João Fernando Ferreira

O mercado árabe em São Paulo
Soraya Moura

Roberto Simonsen
Zóia Vilar Campos

O aeroporto de Congonhas
Claudia Musa Fay

Hospedaria de Imigrantes de São Paulo

Odair da Cruz Paiva

Soraya Moura

PAZ E TERRA

Coleção São Paulo no Bolso

© 2008, Odair da Cruz Paiva e Soraya Moura

Organização: Palmira Petratti-Teixeira / Maria Izilda Matos
Produção Gráfica: Katia Halbe
Preparação de Originais: Cecília Madarás
Projeto gráfico e diagramação: Saint Comunicação
Capa: Miriam Lerner

CIP-Brasil. Catalogação-na-fonte
Sindicato Nacional dos Editores de Livros, RJ.

P166h

Paiva, Odair da Cruz
  Hospedaria de imigrantes de São Paulo / Odair da Cruz Paiva, Soraya Moura.
- São Paulo : Paz e Terra, 2008.
        (Coleção São Paulo no bolso)

  Anexos
  Inclui bibliografia
  ISBN 978-85-7753-067-0

  1. Imigrantes - São Paulo (Estado) - História. 2. São Paulo (Estado) - Migração
- História. I. Moura, Soraya. II. Título. III. Série.

08-2402.   CDD: 981.61
                                                  CDU: 94(815.6)

                                          007148

EDITORA PAZ E TERRA S/A
Rua do Triunfo, 177
Santa Ifigênia, São Paulo, SP — CEP 01212-010
Tel.: (11) 3337-8399
E-mail: vendas@pazeterra.com.br
Home Page: www.pazeterra.com.br

2008
Impresso no Brasil / *Printed in Brazil*

APRESENTAÇÃO

Inaugurada em 1888, no bairro do Brás, a Hospedaria de Imigrantes foi o primeiro endereço para grande parte daqueles que vieram para São Paulo, e representou mais do que um lugar de hospedagem provisória para imigrantes e trabalhadores nacionais que chegaram em busca de melhores condições de vida.

Nas décadas finais do século XIX, a abolição da escravidão, a política imigratória e a expansão da cafeicultura produziram muitas transformações na cidade de São Paulo. A cidade passou por um intenso processo de urbanização na medida em que se constituía num epicentro para as atividades ligadas ao café. Bancos e casas de exportação foram instalados na sua região central. Estradas de ferro que acompanhavam a expansão da cafeicultura confluíam para São Paulo, ponto de partida e chegada das linhas que faziam a ligação do interior com o Porto de Santos.

A política imigratória incentivava a chegada de novas e intensas levas de imigrantes que substituíam o trabalho escravo. Estes novos sujeitos modificaram intensamente a paisagem da cidade. Neste contexto, a Hospedaria de Imigrantes cumpriu um papel fundamental: nela, muitos dos recém-chegados encontraram seu primeiro endereço na capital para seguirem rumo às fazendas de café do interior.

Durante noventa anos, a Hospedaria presenciou e foi sujeito de um tempo de rápidas transformações. De pequena cidade no século XIX à grande metrópole no século XX, São Paulo foi palco de mudanças consecutivas no seu contexto social e econômico. Grande parte delas foi produzida por aqueles que passaram pela Hospedaria.

Suas atividades foram encerradas em 1978 e hoje, no antigo edifício da Hospedaria – transformado em Memorial do Imigrante –, existem os registros daqueles que por lá foram alojados e também as marcas das transformações ocorridas na cidade. A compreensão da história de São Paulo perpassa por muitos espaços ligados à memória, e a Hospedaria dos Imigrantes é com certeza um deles.

Neste livro, a história da Hospedaria será resgatada em três aspectos. No primeiro, a evolução histórica do alojamento de imigrantes na cidade de São Paulo até a sua construção, estrutura e funcionamento. No segundo, os fluxos migratórios e suas conexões com as questões sociais, econômicas e políticas em diferentes momentos históricos. Por fim, no terceiro aspecto, a constituição do Memorial do Imigrante como lugar de preservação da memória dos fluxos migratórios.

SUMÁRIO

Ilustrações e tabelas 9

Introdução 11

Alojamento de imigrantes no século XIX 13

Hospedaria de Imigrantes: estrutura e funcionamento 29

Fluxos migratórios na Hospedaria 41

Migrações internas: ausência e presença 61

Hospedaria de Imigrantes: a grande história e produção
documental 75

Considerações finais 83

Anexos 85

Bibliografia 91

Sugestões de leitura 95

Apontamentos cronológicos 97

Sobre os autores 101

ILUSTRAÇÕES E TABELAS

Ilustrações

Imigrantes alemães e lituanos no pátio interno da
Hospedaria de Imigrantes. São Paulo (SP), 1927 27

Fachada do prédio principal da Hospedaria de
Imigrantes. São Paulo (SP), década de 1910 29

Esquema da organização de assistência aos imigrantes
e trabalhadores nacionais 31

Sala de Registro. Hospedaria de Imigrantes, c. 1940 32

Enfermaria. Hospedaria de Imigrantes, c. 1910 33

Imagem do dormitório de imigrantes conforme o
projeto original da Hospedaria 35

Agência Oficial de Colocação, c. 1940 36

Alemães 46

Poloneses 47

Italianos 47

Estrangeiros 48

Poloneses na Hospedaria de Imigrantes. São Paulo
(SP), década de 1930 49

Imigrantes em escola alemã 50

Migrantes nacionais no portão central da Hospedaria
de Imigrantes, c. 1940 53

Deslocados de guerra russos deixando um campo de refugiados na Áustria, com destino ao Porto de Hamburgo, de onde embarcariam para o Brasil. Áustria, 1948 55

Ficha de atendimento a migrante nacional 57

Migrantes na Hospedaria, c. 1940 70

Crianças brincando no pátio da Hospedaria de Imigrantes. São Paulo (SP), década de 1930. 81

Tabelas

Imigrantes que entraram no estado de São Paulo – 1887-1900 18

Imigrantes que entraram no estado de São Paulo – 1886-1915 42

Países que mais receberam imigrantes no continente americano entre o início do século XIX até a Primeira Guerra Mundial 43

Verba destinada à imigração – Percentuais com relação às despesas do estado 44

Trabalhadores nacionais que entraram no estado de São Paulo – 1910-1933 68

Distribuição das atividades, por nacionalidade, na cidade de São Paulo, em 1893 72

Trabalhadores migrantes em trânsito pela Hospedaria de Imigrantes de São Paulo, período: 1935-1959 86

Imigrantes estrangeiros que entraram no estado de São Paulo – período: 1895-1961 88

Imigrações estrangeira e nacional para o estado de São Paulo – período: 1820-1961 90

INTRODUÇÃO

A história da Hospedaria de Imigrantes revela uma perspectiva particular sobre os processos migratórios. Lugar de passagem, ela foi palco e testemunha da grande e da pequena história.

A migração tem explicações múltiplas. Os imigrantes e migrantes que afluíram para São Paulo nas décadas finais do século XIX e princípios do século XX trouxeram consigo muitas histórias. A grande maioria deles era formada por camponeses que, por razões como pobreza e exigüidade ou falta de terra para o sustento de suas famílias, encontraram na migração uma alternativa para superar as dificuldades. Histórias de migrações motivadas por guerras, conflitos étnicos e religiosos também acompanharam muitos dos estrangeiros que por aqui chegaram. Para todos, São Paulo propiciava um recomeço. A pujança do café era vista como a garantia de trabalho e melhores condições de vida.

Na Hospedaria entrecruzaram-se sonhos, angústias e expectativas de cerca de 3,5 milhões de pessoas que, entre os anos de 1887 e 1978, ocuparam suas instalações. Em seus pátios, corredores, dormitórios, refeitórios e acervo documental está inscrita a memória da imigração e da migração para São Paulo. Nela, aromas, cores, sabores, credos e costumes mesclaram-se, transformando a terra que encontraram.

Presentes na maior parte da cidade, imigrantes e migrantes do passado e do presente deixam suas marcas. Os que aqui chegaram, seus descendentes e aqueles que continuam afluindo para São Paulo trazem consigo elementos da cultura, religiosidade e da história dos países e regiões de origem. Estes elementos hibridam-se, mesclam-se, criam e recriam cotidianamente novas formas de sociabilidade que testam os limites de convivência entre diferentes povos que construíram e constroem uma cidade para si e, ao mesmo tempo, para todos.

Refletir sobre a história da Hospedaria de Imigrantes conduz a muitos caminhos e esses levam a muitas histórias. No imponente conjunto de edifícios que compõem as instalações da antiga Hospedaria do Brás, muitas gerações de imigrantes e migrantes devem ter pensado sobre suas vidas, seu passado e seu futuro. Em sua maioria, não sabiam que estavam escrevendo – anonimamente – uma parte importante da história de São Paulo.

Trata-se, aqui, de recuperar um pouco da história da Hospedaria de Imigrantes e da imigração para São Paulo. Sua história é também o encontro com muitas outras histórias como a do café, da ferrovia, da urbanização, da industrialização, das guerras mundiais, dos projetos de nação, das trajetórias individuais e familiares, do movimento operário, enfim, uma história privilegiada que dá visibilidade a tantas outras.

ALOJAMENTO DE IMIGRANTES NO SÉCULO XIX

Entre o século XIX e a Primeira Guerra Mundial (1914-1918) os deslocamentos populacionais ganharam uma magnitude até então desconhecida. De 1820 até 1914, migraram para o continente americano aproximadamente 50 milhões de pessoas. Novas, maiores e mais complexas estruturas de alojamento para o crescente fluxo de populações que se dirigiam para a América eram necessárias.

As hospedarias de imigrantes, construídas em vários países do continente americano a partir da segunda metade do século XIX, cumpriram uma função de destaque na dinâmica dos deslocamentos populacionais. Na Alemanha, no Japão e na Itália, hospedarias de emigrantes foram erigidas no mesmo período. Em ambos os lados do processo migratório – saída (emigração) e chegada (imigração) – , elas foram os locais para a expedição ou aferição de documentos, o controle médico-sanitário, o registro e encaminhamento para o local de destino.

Criadas num contexto cuja necessidade de coordenação dos fluxos migratórios pelo Estado era fundamental, as hospedarias de imigrantes e de emigrantes cumpriram um importante papel nas políticas migratórias oficiais. Despedidas, sonhos e esperança eram palavras-chave no vocabulário daqueles que partiam das hospedarias dos portos de Kobe, no Japão, de Hamburgo, na

Alemanha, e de Gênova, na Itália, portais de embarque para o Novo Mundo.

> *Uma nova vida, em solo estrangeiro, começaria nas hospedarias de recepção de imigrantes. Dentre elas, destacavam-se a Hospedaria de São Paulo (1888-1978), a Hospedaria da Ilha das Flores (1883-1966), na cidade do Rio de Janeiro, a Hospedaria de Buenos Aires (1911-1953) e a Hospedaria da Ilha de Ellis, em Nova York (1892-1954).*

As hospedarias localizavam-se próximas a regiões portuárias ou mesmo em ilhas; isto facilitava os trabalhos de conferência de documentação, controle médico-sanitário e de alfândega. A Hospedaria de São Paulo foi a única exceção a essa regra dentre as grandes hospedarias. A topografia acidentada entre o litoral e o planalto e o fato de a malha ferroviária irradiar-se a partir da cidade de São Paulo fez a construção de uma hospedaria no planalto ser a mais adequada.

Dentre as hospedarias construídas no período, a Hospedaria de São Paulo possuía uma especificidade. A questão geográfica tornava pouco viável a construção de uma hospedaria próxima ao Porto de Santos que, neste caso, levaria a que outra hospedaria fosse construída no planalto para que houvesse a redistribuição dos imigrantes pelo interior do estado. Por outro lado, o crescimento urbano da capital produziu uma infra-estrutura mais adequada e necessária para que as atividades ligadas à imigração pudessem se realizar, dentre elas: a proximidade com um centro econômico mais dinâmico, e uma estrutura urbana que contava com iluminação pública, transporte, comércio e indústrias.

Em outras regiões do país, para atender ao crescimento do fluxo imigratório, foram criadas várias hospedarias de imigrantes, destacando-se: a Hospedaria da Ilha das Flores e a dos Pinheiros, no Rio de Janeiro, a Hospedaria da Pedra d'Água, em Vitória (ES), a Hospedaria de Imigrantes Pensador, em Manaus (AM), a Hospedaria Oficial de Rio Branco (AC), a Hospedaria dos Imigrantes do Saco do Padre Inácio, em Florianópolis (SC) e a Hospedaria de Belo Horizonte (MG).

Após a Primeira Guerra Mundial e, especialmente, a partir dos anos 1930, o refluxo e a mudança do caráter das migrações levou muitas hospedarias a encerrar suas atividades. Neste período, a Hospedaria de Imigrantes de São Paulo já havia reorientado suas atividades para o atendimento dos fluxos de migração interna, enquanto que a Hospedaria da Ilha das Flores seria desativada em 1966.

Até meados do século XIX, a permanência da escravidão como regime de trabalho predominante nas fazendas de café – que naquela época, na Província de São Paulo, concentravam-se na região do Vale do Paraíba – e mesmo o desenvolvimento incipiente dessa cultura fizeram que a imigração fosse pensada muito mais na perspectiva da colonização do que na inserção dos imigrantes como força de trabalho para a agricultura.

Os números que registram a entrada de estrangeiros em São Paulo foram bastante diminutos se comparados aqueles do final do século XIX e primeiras décadas do século XX. Entre 1827 e 1886, entraram somente 53.517 estrangeiros em São Paulo. Como conseqüência, os serviços de hospedagem foram marcados pela precariedade, seja por conta da ausência de um número significativo de imigrantes, seja pela falta de interesses políticos e econômicos que viabilizassem a montagem de uma estrutura adequada.

A partir da segunda metade do século XIX, a crise da escravidão e o desenvolvimento da cafeicultura fizeram que, em São Paulo, houvesse uma mudança na perspectiva sobre a imigração. De colonização à substituição de mão-de-obra, a política migratória foi reorientada. A hospedagem de imigrantes em São

Paulo, durante o século XIX, tornou-se um problema cujo debate nem sempre resultou em ações efetivas para sua solução. Segundo Di Francesco (1994), em dezembro de 1827, chega à capital, oriundo de regiões que hoje compõem a atual Alemanha, particularmente da Baviera, um grupo de 226 pessoas destinadas à colonização de terras. Foram hospedadas no Hospital Militar, localizado na região central da cidade, próximo ao rio Anhangabaú, no local em que atualmente se encontra a Praça do Correio (Praça Pedro Lessa).

A hospedagem desses imigrantes no Hospital Militar não só revelava a inexistência de um lugar mais apropriado para sua recepção como também era expressão das dificuldades em transpor a serra para se chegar ao planalto. Subir a serra do Mar a pé nunca foi tarefa fácil, ainda mais depois de uma longa viagem por mar, da Europa ao Brasil. Na chegada a São Paulo, muitos imigrantes tinham de receber tratamento médico, fosse por debilidade física provocada pelo cansaço ou mesmo por estarem com doenças comuns na época, como cólera, tifo, varíola, difteria ou malária.

(...) eis que numa tarde, os sossegados habitantes da vila paulistana, entre admirados e medrosos, viam entrar pelas ruas estreitas magotes de gente estranha, suja, cansada, os homens de barba espessa, as mulheres magras, carregando filhos assustados. Os carros-de-boi, requisitados e obtidos com dificuldade, rangiam morosos, levando velhos e crianças sob toldos improvisados. Alguns felizes escachavam-se em poucas mulas de viagem conseguidas com empenho e sorte. A maioria vinha extenuada e havia, tanto da parte dos recém-chegados, como da parte dos curiosos habitantes, olhares de desconfiança recíproca.

ZENHA, Edmundo. *A colônia alemã de Santo Amaro.*

Em 1829, os de credo protestante daquele grupo de imigrantes se fixaram em Santo Amaro, que se transformaria no Núcleo Colonial de Santo Amaro – atual bairro da capital. Na região de Itapecerica da Serra, hoje município vizinho a São Paulo, fixaram-se os católicos. Da chegada desses imigrantes, em 1827, até sua fixação nessas áreas, passaram-se quase dois anos. Os dilemas que marcaram a vinda, a hospedagem e o encaminhamento daqueles imigrantes resultavam da ausência de uma política imigrantista, que seria estruturada apenas algumas décadas depois.

Entre os anos 1830 e 1860, os imigrantes que desembarcavam no porto de Santos com destino à capital e cidades do interior passaram a ser alojados em abrigos na própria cidade de Santos. Novamente, a ausência de uma estrutura adequada de recepção transformou o Arsenal da Marinha, naquela cidade, em hospedaria para muitos grupos de imigrantes que chegaram ao estado naquele período. As dificuldades de transporte até o planalto persistiam e, após a experiência do grupo de alemães, avaliou-se ser mais pertinente alojá-los na cidade de Santos e de lá saírem com um destino definitivo.

A partir da década de 1850, a proibição do tráfico negreiro para o Brasil – imposto pela Inglaterra – começa a produzir alguns desdobramentos. A campanha abolicionista intensificou-se, principalmente após 1868, resultando, por exemplo, na edição da Lei do Ventre Livre (1872). Com essa lei, todos os filhos de escravos passaram a ser considerados livres. Outro desdobramento foi a mudança de perspectiva com relação à imigração.

Essa passa a ser pensada não apenas como *colonização*, mas, principalmente, como mudança do perfil da força de trabalho. Este contexto histórico ficou conhecido como o da *mudança do trabalho escravo para o trabalho livre*. A iniciativa do senador Nicolau Vergueiro em sua fazenda em Ibicaba – no interior da Província de São Paulo – é emblemática neste sentido. A partir de 1840, introduziu imigrantes portugueses, alemães, suíços e de outras nacionalidades, realizando um dos primeiros ensaios de transição do trabalho escravo para o trabalho livre. Em conseqüência, observa-se um aumento significativo do fluxo imigratório naquele período, mais particularmente a partir da década de 1880.

Imigrantes que entraram no estado de São Paulo, 1887-1900

Ano	Nº de imigrantes	Ano	Nº de imigrantes
1887	32.112	1894	48.947
1888	92.086	1895	139.998
1889	27.893	1896	99.010
1890	38.291	1897	98.134
1891	108.736	1898	46.939
1892	42.061	1899	31.215
1893	81.745	1900	22.802
Total			909.969

Fonte: *Boletim da Diretoria de Terras, Colonização e Imigração*. São Paulo, Secretaria da Agricultura, Indústria e Comércio, ano 1, n. 1, out. 1937, p. 49.

É importante ressaltar, a partir desses números, que no primeiro ano do funcionamento da Hospedaria do Brás (1888), entraram em São Paulo 92.086 imigrantes, quase duas vezes o número de imigrantes chegados ao estado de São Paulo, no período de 1827 a 1886 – 53.517, como foi apontado anteriormente.

Paralelamente a este processo, o término da construção da Estrada de Ferro Santos–Jundiaí, em 1867, demonstrava o aumento da importância do café na economia da então Província de São Paulo. A necessidade da criação de um meio de transporte mais eficiente para o escoamento da produção cafeeira pelo Porto de Santos era imperativa. Se a ferrovia servia para o transporte do café, igualmente contribuiu para facilitar o transporte dos imigrantes até o planalto. Isso fez da cidade de São Paulo um lugar privilegiado para a hospedagem dos imigrantes. A cidade de Santos perdeu este papel.

Na cidade de São Paulo, a Estação da Luz, no bairro de mesmo nome, foi o destino dos imigrantes embarcados em trens em Santos.

É de se imaginar, contudo, que após desembarcarem em Santos, tomavam o trem com destino a São Paulo, desciam na Estação da Luz, e de lá eram distribuídos em casas alugadas de particulares, pensões e pousadas, pousos ou ranchos, muito provavelmente nas redondezas desta estação. Tudo subvencionado pelos responsáveis para sua colocação no mercado.

DI FRANCESCO, Nelson. *A hospedagem dos imigrantes na imperial cidade de São Paulo.*

Havia dois locais, dentre outros provavelmente, nos quais os imigrantes eram alojados. Um deles era o Areal. Informações esparsas dão conta de que provavelmente se referia a um rancho às margens do rio Tamanduateí, nas imediações da atual Avenida do Estado e da Rua São Caetano. Segundo Di Francesco (1999), outro local era a Mançon D'Ouro, talvez uma pensão ou hospedaria particular, das muitas existentes no bairro da Luz, e cujo nome foi inspirado em Maison d'Or, aportuguesado para Mansão d'Ouro.

A primeira hospedaria criada pelo Governo Provincial foi instalada em dezembro de 1878, na casa onde funcionou a sede do então Núcleo Colonial de Sant'ana, fundado em 1877, em área que atualmente faz parte do bairro de Santana, zona norte da capital. Denominada Hospedaria de Sant'ana, foi desativada em junho de 1880; o prédio foi demolido em 1915. Hoje há instalações do Exército no local (Rua Alfredo Pujol). A hospedaria, de dimensões pequenas, era constituída de uma casa de dois pavimentos, em construção de taipa, com vários compartimentos e uma pequena cozinha.

A Hospedaria de Sant'ana foi a primeira tentativa de sistematizar e racionalizar os serviços de recepção, hospedagem e encaminhamento dos imigrantes que para cá afluíam. Entretanto, sua efêmera existência demonstrou que as crescentes necessidades de mão-de-obra para a cafeicultura demandavam uma estrutura mais bem equipada. Em 1881, a Lei nº 36, de 21 de fevereiro, autorizava o Governo da Província a construir um novo estabelecimento para os imigrantes. Surgia a segunda Hospedaria de Imigrantes na cidade, a Hospedaria do Bom Retiro; sua construção foi concluída em março de 1882.

Com capacidade para quinhentos imigrantes, as instalações da Hospedaria do Bom Retiro foram erigidas sob os auspícios do Governo Provincial. Situava-se na antiga Rua dos Imigrantes, hoje Rua Areal (continuação da Rua José Paulino) com a Rua Tenente Pena e Rua Mamoré; o prédio não existe mais. Provavelmente, ela foi construída próxima do Areal, referido anteriormente como um dos lugares de alojamento dos imigrantes, por volta de 1870.

Em comunicação dirigida à Assembléia Legislativa Provincial, em 10 de janeiro de 1885, o diretor da Diretoria Geral de Obras Públicas relata que o prédio da hospedaria (...) não comporta mais que 230 camas, que estão armadas, e quando o número de imi-

> *grantes excede ao das camas, como já tem acontecido, torna-se necessário estender colchões no salão do refeitório e tambem agasalhal-os na olaria próxima.*
>
> DI FRANCESCO, Nelson. *A hospedagem dos imigrantes na imperial cidade de São Paulo.*

Na Hospedaria do Bom Retiro produziram-se os primeiros livros de registro de imigrantes, importante fonte de referência para o resgate da história de muitos dos que aqui chegaram. Entretanto, tal qual a Hospedaria de Sant'ana, a do Bom Retiro rapidamente tornou-se obsoleta. A necessidade da construção de uma nova hospedaria tornava-se indispensável. Em 1885, a Lei nº 56, de 21 de março, dispunha em seu artigo 1º:

> Fica o governo autorisado a construir um prédio para a hospedaria de immigrantes com acomodação para a secretaria e pessoal da administração nas proximidades das linhas ferreas do Norte e Ingleza, podendo despender na acquisição do terreno e edificação, até a quantia de cem contos de réis. (São Paulo [estado]. Lei nº 56, de 21 de março de 1885)

Em julho de 1886, no governo de Antonio de Queiroz Telles, na época barão de Parnaíba, iniciaram-se as obras de construção da Hospedaria de Imigrantes do Brás. Em julho de 1887, um surto de varíola e difteria, ocorrido na Hospedaria do Bom Retiro, levou as dependências do Brás, mesmo inacabadas, a receberem o primeiro grupo de imigrantes. As obras só foram concluídas em 1888, e a administração da Hospedaria, em seus primeiros dez anos, esteve a cargo da Sociedade Promotora de Imigração.

À frente da Sociedade Promotora estavam os interesses de grandes proprietários de fazendas de café do interior que, a seu tempo, tinham bastante influência junto do governo provincial.

A construção da Hospedaria de Imigrantes do Brás solucionava o velho problema da hospedagem dos imigrantes na capital.

Com a abertura da concorrência, em 1886, a comissão incumbida de escolher o terreno para a construção da obra tinha duas opções: um terreno ao lado da estrada de ferro São Paulo Railway e o terreno do Convento da Luz, no bairro de mesmo nome, que fora desapropriado pelo Governo Provincial. Venceu o argumento de que o Bairro da Luz não se prestava a ser um alojamento de imigrantes, e sim a ser "aformoseado", uma vez que para lá acorria a população mais abastada da cidade. No seu entorno já se construíam os palacetes do bairro dos Campos Elísios.

A escolha do bairro do Brás para a sua construção foi estratégica. Ali se dava o cruzamento dos trilhos das duas ferrovias que serviam a cidade de São Paulo: a antiga Central do Brasil, vinda do Rio de Janeiro, e a São Paulo Railway, que vinha de Santos, cidades em cujos portos desembarcavam as levas de imigrantes. Na época, a representação que muitos habitantes da cidade tinham sobre o bairro não era das melhores.

> *A poeira que tomava conta de São Paulo – especialmente a produzida pelo calçamento do tipo macadame – era altamente prejudicial à saúde. Dentre os locais mais poeirentos da capital, nenhum deles superava a região do Brás.*

> *Em um terreno de 34 mil m², o prédio (com cerca de 10 mil m² de área) foi erguido em forma de E, de acordo com projeto do engenheiro alemão Antonio Martins Haussler, exibindo uma mistura de estilos. Estava dimensionado para receber 3 mil imigrantes, mas houve períodos em que abrigou mais de 8 mil.*

A Hospedaria de Imigrantes no contexto da cidade e da política imigratória

A criação da Hospedaria de Imigrantes teve relação direta com, ao menos, dois contextos mais amplos; por um lado, o crescimento e a modernização da cidade nas décadas finais do século XIX e, por outro, o avanço da cultura cafeeira para as regiões noroeste e oeste do estado.

A partir dos anos 1870, a cidade de São Paulo passou por um processo de desenvolvimento que acelerou o tempo de sua história. Um dos marcos para as mudanças que incidiram sobre os contextos econômico, urbano e populacional da cidade nas décadas seguintes foi a construção da São Paulo Railway (1867) e da Estrada de Ferro Central do Brasil (1875). Ambas auxiliaram na transformação do pequeno e letárgico burgo numa cidade cuja modernidade se fazia cada vez mais presente.

As ferrovias transformaram São Paulo na principal ligação entre as regiões interioranas produtoras de café com o Porto de Santos. Rapidamente, casas de importação e exportação, bancos, comércio e toda a sorte de serviços começaram a se instalar na capital. O afluxo de uma gama variada de serviços produziu a necessidade de melhorias na malha viária da cidade e também na infra-estrutura urbana. Nas décadas finais do século XIX, São Paulo foi o palco de instalação dos serviços de iluminação pública a gás, dos bondes e da energia elétrica.

O adensamento do comércio e serviços no triângulo central da cidade, formado pela Rua Direita, Rua XV de Novembro e Rua São Bento, fez que a cidade transpusesse a fronteira do rio Anhangabaú e se expandisse para o sentido oeste. A construção do Viaduto do Chá (1892) e posteriormente do Viaduto Santa Efigênia (1913) são expressões concretas do crescimento da mancha urbana da cidade. Ao mesmo tempo, a Estrada de Ferro

Central do Brasil induzia, com suas estações, o surgimento e/ou a dinamização de vários bairros e núcleos urbanizados na direção leste da cidade, como os bairros da Mooca e do Brás.

Por sua vez, o crescimento da população criou a necessidade da produção de manufaturados, propiciando condições para que algumas fábricas – basicamente nos setores de tecelagem e alimentação – se instalassem na cidade. As indústrias Matarazzo, Crespi, Ramenzzoni e Jafet modificaram a paisagem de São Paulo. Bairros como a Mooca, Brás, Ipiranga, Vila Prudente e Lapa rapidamente se transformaram em bairros industriais e lugares de moradia dos operários.

Este período de modernização e urbanização intensa produziu ícones que ainda estão presente na paisagem da cidade. Dentre eles, o Teatro Municipal (1911), o Teatro São Pedro (1913), o Liceu de Artes e Ofícios, hoje Pinacoteca do Estado (1900), o Jardim da Luz (1893), a Vila Maria Zélia (1917) e o Museu Paulista (1890). São Paulo adentra o século XX como uma cidade moderna e pujante que se distanciava a passos largos do passado quase letárgico da primeira metade do século XIX.

Entretanto, os elementos explicativos para esse crescimento vertiginoso residem igualmente na política imigrantista que esteve presente no transcurso desse processo de modernização. Em outros termos, de forma complementar e paralela, as iniciativas do governo paulista no fomento à imigração auxiliaram sobremaneira no desenvolvimento da cidade no período.

A expansão da cafeicultura rumo à nova fronteira oeste do estado, a partir dos anos 1870, realizou-se num contexto de refluxo e crise do escravismo no país. Dessa forma, dois vetores contraditórios se fizeram presentes. O declínio da mão-de-obra escrava e a ascensão da economia cafeeira produziram a necessidade de uma alternativa para a falta de braços à lavoura.

Iniciativas pioneiras de introdução de imigrantes europeus como a do senador Vergueiro em Ibicaba (1842) já apontavam a imigração como uma alternativa de substituição dos escravos. Entretanto, essas ações se desenvolveram em um contexto no qual os interesses dos cafeicultores eram equacionados de forma mais individualizada como a iniciativa do senador Vergueiro.

Nos decênios finais do século XIX, em razão do crescimento da economia cafeeira, alternativas pontuais demonstravam cada vez menor eficácia. A política imigrantista foi a alternativa histórica para que a cafeicultura se desenvolvesse como carro-chefe da economia paulista, no final do século XIX e durante as primeiras décadas do século XX. Entretanto, uma política de imigração só se constituiu na década de 1880.

Pelas razões expostas anteriormente, a política imigrantista em São Paulo visou basicamente à inserção de imigrantes para o trabalho na cafeicultura, e a Hospedaria de Imigrantes foi um de seus instrumentos mais importantes. O governo estadual arcava com os custos do transporte dos imigrantes desde o Porto de Santos até seu destino final nas propriedades dos cafeicultores no interior. Cabia também ao governo a realização da propaganda do país na Europa e a responsabilidade em firmar acordos de emigração/imigração com países como Itália, Espanha, Portugal, entre outros.

Em certos períodos, quando a falta de braços para a lavoura foi mais aguda, o governo paulista subsidiou, até mesmo, as passagens dos imigrantes, desde os portos na Europa até o Porto de Santos. Essa prática não foi permanente durante o período da grande imigração (1880-1920) mas revelava a influência dos cafeicultores no contexto político da época, que ficou conhecido como a República do Café com Leite.

A presença do Estado no controle do processo imigratório, que substituiu as iniciativas individuais de fazendeiros foi viabilizada em razão de uma experiência que pode ser considerada como intermediária. Em 1885 foi criada a Sociedade Promotora de Imigração, por iniciativa de fazendeiros de café preocupados em coordenar esforços para racionalizar e baratear os fluxos de entradas de imigrantes em São Paulo.

A ação desta sociedade representava uma preocupação com relação à imigração – elemento fundamental para o sucesso e expansão da atividade cafeicultura –, em momento no qual as iniciativas governamentais de gestão e controle não existiam. A Sociedade Promotora de Imigração foi uma organização privada que teve o apoio do governo para o desenvolvimento de suas atividades (SANTOS, 2007).

Idealizada por Martinho Prado, durante sua vigência entre os anos de 1885 a 1895, a Sociedade foi em grande parte financiada com verbas do Estado e tornou-se um dos exemplos mais emblemáticos da influência dos cafeicultores junto do governo paulista. Ela deu concretude ao que, posteriormente, a historiografia denominaria como a mencionada República do Café com Leite.

A atuação da Sociedade lançou as bases para uma política imigratória controlada pelo Estado. Deve-se ressalvar que entre 1888 – ano da inauguração da Hospedaria dos Imigrantes – e 1892, ela esteve sob o controle administrativo da Sociedade.

Passagens subsidiadas, construção da Hospedaria, propaganda oficial no exterior, além das políticas de preço mínimo para o café, compuseram um conjunto complexo de elementos que informaram a política imigratória no período. Evidentemente, a ação do governo no fomento à imigração produziu novos e variados fluxos imigratórios que se dirigiram a São Paulo, porém, necessariamente, não se destinavam à cafeicultura. Neste particular, a imigração de sírios e libaneses é exemplar. Por outro lado, muitas levas de imigrantes fixados no interior do estado migravam para a capital em busca de novas oportunidades de vida e de trabalho. Parte significativa desses foi inserida nas atividades urbanas e industriais que se desenvolviam na cidade.

Imigrantes alemães e lituanos no pátio interno da Hospedaria de Imigrantes. São Paulo (SP), 1927. Acervo do Memorial do Imigrante.

A construção da Hospedaria de Imigrantes entre os anos 1886 e 1887 foi, por um lado, expressão concreta da política imigratória no período; ao mesmo tempo, integrava-se aos vários ícones da moderna paisagem que se constituía São Paulo naquele período. Nela encontra-se a confluência entre os interesses do capital cafeicultor, a ação do poder público e o esgotamento do escravismo.

HOSPEDARIA DE IMIGRANTES: ESTRUTURA E FUNCIONAMENTO

Recepção, triagem e encaminhamento. Era este tripé que determinava a permanência dos imigrantes e trabalhadores nacionais na Hospedaria e seu posterior encaminhamento para as fazendas no interior do estado.

Fachada do prédio principal da Hospedaria de Imigrantes. São Paulo (SP), década de 1910. Fonte: Vistas de São Paulo, Bruxelas, 1911. Coleção Alexandre Luiz Rocha.

Os serviços de alimentação e alojamento eram intercalados com os de controle médico-sanitário, registro e direcionamento ao trabalho. No que se refere aos serviços médicos, valem destaque os serviços de higiene, nos quais eram realizados procedimentos básicos como banho, desinfecção e troca de roupas, e a inspeção pelo serviço médico, que avaliava com mais acuidade o estado de saúde do imigrante. No escritório oficial de informação e colocação, eram apresentadas as oportunidades de trabalho.

Entre a chegada, a inspeção médica e a realização dos contratos de trabalho, o tempo ideal de permanência era de dois dias. Esse trânsito pela Hospedaria pode ser visualizado com mais detalhes no quadro a seguir.

Logo em sua entrada, havia uma área dividida em dois compartimentos, destinados ao banho e a desinfecção de roupas, por onde passava o imigrante quando chegava. Após esse procedimento, os imigrantes eram vacinados e, depois de devidamente registrados, recebiam um cartão para as refeições.

A permanência de imigrantes e trabalhadores nacionais era condicionada também pela oferta de trabalho, pela existência de problemas médico-sanitários ou pela disponibilidade de transporte. De acordo com os registros da Hospedaria, o tempo médio de permanência era de uma semana.

Ao chegar à Hospedaria, o imigrante era encaminhado ao Salão de Chamadas onde, pelas listas e documentos que o acompanhavam, fazia-se a verificação de seu nome, idade, profissão, parentesco e constituição de família, e se estava ou não em condições de ser aceito. Após o registro, ele recebia o cartão de rancho para refeições. Nele constavam: o nome do vapor; nome e nacionalidade do imigrante; número de rações de alimento a que tinha direito e, eventualmente, e/ou sua família, segundo as respectivas idades.

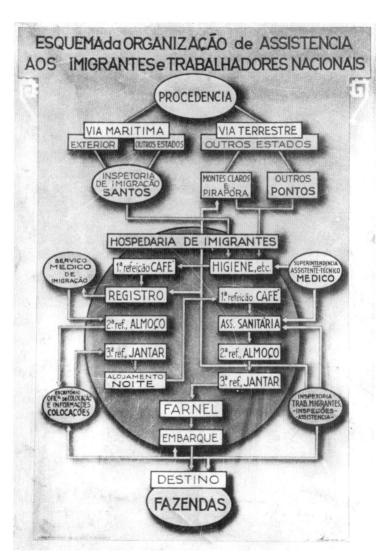

Fonte: Acervo Iconográfico do Memorial do Imigrante.

Sala de Registro. Hospedaria de Imigrantes, c. 1940. Acervo Iconográfico Memorial do Imigrante.

O Regulamento Interno, afixado em todas as dependências da Hospedaria e impresso em seis línguas, determinava:

• O imigrante recém-chegado teria direito à permanência na hospedaria e a alimentação pelo período máximo de seis dias. Perderia esse direito se recusasse a colocação oferecida pelos agentes oficiais.
• O prazo de permanência de seis dias poderia ser prorrogado por mais quatro dias, para aqueles que, chegando com destino predeterminado, aguardavam providências para se dirigirem ao local de trabalho.
• Era obrigatório ao imigrante que quisesse receber a ajuda a que tinha direito, por lei, que se recolhesse à Hospedaria de Imigrantes.
• O imigrante poderia sair do alojamento somente após ajuste realizado por meio dos agentes oficiais. Os que não se submetessem a esta condição perderiam o direito à passagem para o interior e ao despacho gratuito de sua bagagem.

Atravessando os oceanos em porões superlotados, sob péssimas condições de higiene, numa época marcada por grandes epidemias de varíola, tuberculose, tifo, cólera, entre outras, o imigrante tinha na sua boa condição de saúde o cartão de entrada para uma nova vida.

A Seção de Banhos era constituída de 31 banheiros e estufa para desinfecção de roupas. Cada banheiro com água quente e fria continha três compartimentos: um para o imigrante despir-se, outro para tomar banho, e o último para vestir-se com a roupa deixada no primeiro compartimento e desinfectada na estufa (autoclave) e colocada no terceiro compartimento. O imigrante retirava-se por um corredor independente, não entrando em contato com os que ainda não tivessem passado pelo banho e pela desinfecção de roupas.

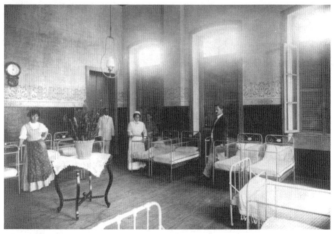

Enfermaria. Hospedaria de Imigrantes, c. 1910. Acervo Iconográfico Memorial do Imigrante.

No pavimento térreo do Edifício da Enfermaria funcionavam o consultório médico, a farmácia, a cozinha e a rouparia. No pavimento superior estavam situados os três dormitórios, com camas higiênicas de ferro esmaltado (vinte leitos). Atendia apenas a casos de urgência; os doentes com maior gravidade eram removidos para a Santa Casa de Misericórdia ou para o Hospital de Isolamento.

A Hospedaria contava com um médico, um enfermeiro e uma parteira. O médico assistia à chegada dos imigrantes, fazia visitas diárias ao alojamento, atendia de pronto aos chamados extraordinários. Era exigido que o profissional tivesse telefone em sua residência, zelasse pelas condições higiênicas do alojamento, e que tivesse alguém que o substituísse se não pudesse comparecer, correndo por sua conta a remuneração do substituto.

Ao enfermeiro cabia a responsabilidade da enfermaria; recorrer à Farmácia do Estado, quando necessário; prestar assistência constante aos doentes; requisitar a presença médica quando necessário e organizar o *Boletim do movimento da enfermaria*. A parteira, além de exercer suas funções, devia também servir como enfermeira no compartimento das mulheres. Todos os membros da enfermaria residiam na Hospedaria.

> *A enfermaria atendia a um elevado número de pessoas. No ano de 1908, deram entrada na enfermaria 307 indivíduos, sendo 192 removidos para outros hospitais: 70 para o isolamento e 122 para a Santa Casa de Misericórdia de São Paulo; 11 faleceram; 13 ficaram em tratamento e 91 tiveram alta.*

A Hospedaria possuía ainda um restaurante pago, funcionando com aparelhos especiais a gás, onde os imigrantes que preferissem podiam ser servidos à vontade, pagando um preço módico, de acordo com tabela aprovada pelo governo. A cozinha a gás, montada à inglesa, substituiu a antiga cozinha existente até fins do século XIX.

> *As refeições eram servidas nos refeitórios que comportavam 80 mesas, cada uma com 10 lugares.*
> *Café e pão – 7 horas da manhã / Almoço – 11 horas da manhã / Jantar – 4 horas da tarde / Café e pão – 7 horas da noite*
> *Leite para as crianças fracas ou menores de 3 anos.*
> *Pão e salame para a alimentação durante a viagem, na partida.*

No corpo central da Hospedaria, no primeiro andar, havia seis grandes dormitórios. Junto das paredes, as camas de ferro eram erguidas deixando espaço livre para a circulação. A parte central era dividida, por madeira, em pequenos quartos reservados às famílias. Tais divisões eram desmontáveis e tanto essas como as camas de ferro constituíam importantes inovações para a época. Toda roupa de cama era esterilizada por máquinas a vapor. Essas inovações foram introduzidas por Henrique Pereira Ribeiro, diretor substituto da Hospedaria, em agosto de 1906.

Imagem do dormitório de imigrantes conforme o projeto original da Hospedaria. Acervo Iconográfico do Memorial do Imigrante, c.1900.

Em 1906, foi anexada uma construção à direita do prédio principal que passou a servir à Agência Oficial de Colonização e Trabalho. Considerada uma inovação à época, a Agência encaminhava os imigrantes aos locais de trabalho, de acordo com suas profissões.

Esta Agência estava ligada às atividades de encaminhamento dos imigrantes ao seu destino no interior do estado de São Paulo. Criada em 1906, funcionava nas dependências da Hospedaria num prédio separado do conjunto principal do edifício. Era de fácil acesso tanto aos imigrantes alojados na Hospedaria quanto aos fazendeiros que traziam seus pedidos de mão-de-obra. Era uma das poucas edificações da Hospedaria que possuía uma ligação direta com a Rua Visconde de Parnaíba.

Agência Oficial de Colocação, c. 1940. Acervo Iconográfico do Memorial do Imigrante.

A Agência possuía exclusividade na intermediação entre fazendeiros e imigrantes e era dividida em duas seções. Uma delas funcionava como agência de colocação de trabalhadores e eram celebrados contratos entre fazendeiros e imigrantes. Em outra seção eram feitos os contratos de distribuição, compra e venda de lotes em Núcleos Coloniais. Em ambos os casos, os contratos eram definidos na presença de um funcionário da própria Agência e lá registrados. O imigrante recebia uma caderneta autenticada na qual eram definidos os termos do contrato de trabalho ou de concessão de terras. Em 1911, a agência teve seu nome alterado para Agência Oficial de Colocação.

Na presença do diretor da Hospedaria, um de seus auxiliares, um auxiliar da Agência Oficial de Colonização e Trabalho e um representante do introdutor dos imigrantes, procedia-se a sua chamada, e pelas listas e documentos que os acompanhavam fazia-se a verificação de seus nomes, idades, profissões, parentesco e constituição de famílias, se estavam ou não em condições de serem aceitos por conta dos decretos, contratos e autorizações que regiam a sua introdução, bem como se registravam outros esclarecimentos de importância.

Na Agência havia grandes quadros-negros, em que eram afixadas as ofertas dos fazendeiros e os lugares onde se podia encontrar colocação, com a indicação das respectivas distâncias. Um mapa do estado de São Paulo servia para esclarecer melhor a situação dos locais de trabalho.

> **O Correio Paulistano noticiou em março de 1906**
> "Começa a funcionar a Agência Oficial de Colonização e Trabalho, instalada em prédio especialmente construído junto da Hospedaria de Imigrantes. Foi instituída pelo dr. Botelho, secretário da Agricultura, para favorecer a colonização e auxiliar e proteger seriamente os imigrantes e, em geral, a todos os que trabalhavam na lavoura."

Havia uma creche criada para menores que perderam os pais e para as viúvas e mulheres desamparadas, independente da Hospedaria, com pessoal próprio e todas as comodidades indispensáveis. À esquerda, no edifício central, ficavam a lavanderia e os armazéns de bagagem, onde eram recolhidas as bagagens dos imigrantes, enviadas pela Alfândega de Santos, para serem examinadas por um funcionário da Alfândega Federal.

Da bagagem dos imigrantes, além de malas, faziam parte baús de folha, sacos, caixas, fardos, trouxas, volumes amarrados, cadeiras, camas de ferro e mesas. Entendia-se por bagagem de imigrantes que chegavam aos portos do Brasil: roupa usada, instrumentos e artigos de serviço e uso diário ou da profissão; baús, malas e sacos de viagem usados; jóias reconhecidas como sendo de uso. Havia utensílios especialmente considerados como "bagagem do colono que viesse a se estabelecer no país", tais como: barras, catres e camas, louça comum e usada; instrumentos oratórios ou de sua profissão e uma espingarda de caça para cada adulto.

Uma vez em São Paulo, não raro ocorria atraso no envio das bagagens, da Hospedaria de Imigrantes às respectivas fazendas para onde se encaminhavam os imigrantes, no interior paulista, em virtude da desinfecção pela qual passava a bagagem, uma vez liberada nos armazéns de despacho. O serviço de desinfecção desenvolvia-se com morosidade em razão da insuficiência de instalações existentes para aquele fim.

As bagagens, por apresentarem a etiqueta com dados incorretos ou por outro motivo qualquer, ficavam muitas vezes nos armazéns da Hospedaria ou no Porto de Santos. Grande era a quantidade de volumes que iam a leilão. Um deles foi realizado com 171 volumes, os quais por seis anos permaneceram no armazém da Hospedaria, sem serem procurados por seus donos.

A história da administração da Hospedaria de Imigrantes confunde-se com a história administrativa do estado de São Paulo, e com a dos muitos órgãos ligados à Secretaria de Agricultura que, cada qual a seu tempo, foram responsáveis pelos serviços de terras, colonização e imigração.

A Hospedaria passou por sucessivas reorganizações em sua estrutura e nas atribuições de seus departamentos. Sua função de gerenciar, acomodar, alimentar, encaminhar os imigrantes que por ali passaram foi detalhadamente descrita nos registros fotográficos, relatórios, estatísticas, boletins médicos, listas de chamada, entre outros documentos produzidos na sua rotina administrativa, e hoje são fontes preciosas para a compreensão da história da imigração em São Paulo.

Os serviços de recepção, triagem e encaminhamento estiveram ativos durante os noventa anos de funcionamento da Hospedaria (1888-1978), bem como a maior parte dos serviços que nela foram implementados. Evidentemente, durante este período houve profundas transformações na sociedade e na economia paulista, assim como alterações significativas nos fluxos migratórios. O capítulo seguinte apresenta as linhas gerais dessas transformações.

FLUXOS MIGRATÓRIOS NA HOSPEDARIA

Os fluxos migratórios que passaram pela Hospedaria desde o final do século XIX até o encerramento de suas atividades em 1978 não foram homogêneos. A divisão da história da Hospedaria de Imigrantes em quatro fases, apresentadas a seguir, revela um olhar particular sobre o processo imigratório, que se centra na relação e na dinâmica da história da Hospedaria. Trata-se, portanto, de uma perspectiva pouco comum quando comparada com outros estudos que trataram dos fluxos imigratórios para São Paulo.

1ª fase (1888-1929)

Esta fase compreende a inauguração da Hospedaria até o momento da primeira grande crise econômica mundial, iniciada com o *crack* da Bolsa de Valores de Nova York, em 1929.

A Hospedaria foi construída para atender, por um período de uma semana, até 3 mil pessoas em suas dependências (note-se que a Hospedaria do Bom Retiro atendia no máximo a 500 pessoas). Não raro esse número foi excedido, e a Hospedaria chegou a abrigar até 8 mil imigrantes de uma só vez. De pouco mais de 3 milhões de imigrantes que chegaram ao estado de São Paulo até os anos 1970, a maior parte deles veio no período entre 1886 e 1915, como demonstra o quadro a seguir:

Imigrantes que entraram no estado de São Paulo, 1886-1915

Anos	Números absolutos
1886-1895	1.050.383
1896-1905	750.291
1906-1915	1.002.988
Total	2.803.672

Fonte: *Boletim do Departamento Estadual do Trabalho*. São Paulo. Secretaria da Agricultura, Indústria, Comércio e Obras Públicas, ano 17, n. 69, 4º trim. 1929.

Nesse período, houve a preponderância de imigrantes provenientes da Europa Ocidental e do Japão. Os reflexos do avanço do capitalismo nessas regiões, especialmente a modernização da agricultura, produziu, em países como a Itália e a Alemanha, recém-unificados (a unificação alemã deu-se em 1870 e a italiana, em 1871), e, em menor grau, na Suíça, Bélgica e países do norte europeu, a existência de uma mão-de-obra excedente que não foi absorvida pela industrialização em curso.

Processo análogo ocorria no Japão, que foi obrigado a abrir seus portos ao comércio com o Ocidente em 1853. A partir de 1867, com a dinastia Meiji (1867-1912), viu-se na necessidade imperativa de modernizar-se para não ser transformado em mais uma colônia asiática das potências ocidentais. Para os governos dessas nações, era de fundamental importância o estímulo à emigração, em virtude da tensão social que esses grupos poderiam causar dentro de seus países dada a impossibilidade de manutenção deles em solo pátrio.

Por um processo inverso, a ausência de dinamismo econômico de países como a Espanha e Portugal produzia, igualmente, um contexto no qual a falta de perspectiva de melhoria na qualidade de vida era inquestionável. Em ambos os casos, desemprego e fome levaram milhares de europeus a cruzarem o Atlântico para "fazer a América".

Os países que mais receberam esses imigrantes até a Primeira Guerra Mundial foram, por ordem, os Estados Unidos, o Canadá, a Argentina e o Brasil.

Países que mais receberam imigrantes no continente americano entre o início do século XIX até a Primeira Guerra Mundial

País	Período	Números absolutos	Total no período 1881-1914
Estados Unidos	**1820-1914**	**35.052.123**	
	1881-1890	5.246.613	
	1891-1900	3.687.564	
	1901-1910	8.795.386	
	1911-1914	4.133.131	**21.862.694**
Canadá	**1820-1914**	**5.625.147**	
	1881-1890	886.177	
	1891-1900	321.302	
	1901-1910	1.453.391	
	1911-1914	1.452.631	**4.113.501**
Argentina	**1854-1914**	**4.660.539**	
	1881-1890	841.112	
	1891-1900	648.326	
	1901-1910	1.764.103	
	1911-1914	966.543	**4.220.084**

	1820-1914	3.354.829	
	1881-1890	524.386	
Brasil	1891-1900	1.129.315	
	1901-1910	673.294	
	1911-1914	570.650	2.897.645

Fonte: *Boletim do Departamento de Imigração e Colonização*. São Paulo: Secretaria da Agricultura, Indústria e Comércio, nº 5, dez. 1950, p. 139-140.

Assim, a produção de um excedente de mão-de-obra na Europa e no Japão estava em consonância com as necessidades de recepção dessa mão-de-obra em alguns países da América. Nos casos específicos da Argentina (produção de carne e cereais) e do Brasil (café), cujas economias ainda se assentavam em bases agroexportadoras, a recepção dessa mão-de-obra era fundamental. A complementariedade entre as necessidades de expulsão e de absorção acabou por promover o maior processo de deslocamento populacional conhecido na história do Ocidente, processo que se estendeu durante boa parte do século XIX e se manteve até a década de 1920.

No Brasil, o governo paulista, atendendo aos interesses dos cafeicultores, concentrou muitos esforços na captação dessa mão-de-obra. A Hospedaria de Imigrantes foi o exemplo mais concreto. Vale o registro dos gastos com os serviços de imigração pelo estado de São Paulo.

Verba destinada à imigração – Percentuais com relação às despesas do estado

Período	%	Período	%	Período	%
1892-1900	7	1901-1910	5	1911-1914	6,7

Fonte: *Boletim do Serviço de Imigração e Colonização*. São Paulo: Secretaria da Agricultura, Indústria e Comércio, nº 3, mar. 1941, p. 6-7.

Os subsídios à imigração, a propaganda no exterior, a manutenção dos serviços da Hospedaria de Imigrantes e a fundação de Núcleos Coloniais absorviam a maior parte da verba destinada à imigração. No caso dos subsídios, o governo estadual pagava a passagem dos imigrantes que tivessem interesse em se estabelecer no estado. Para tal, não apenas o governo estadual mas também o governo federal fizeram intensa propaganda do país na Europa.

A política imigratória esteve a cargo da Secretaria da Agricultura, e incluía também a fundação de Núcleos Coloniais. Entre os anos 1890 e 1910, a Secretaria esteve empenhada na criação desses em diversas áreas do estado. Esta colonização apresentava-se como um instrumento importante na viabilização dos interesses do capital cafeicultor, uma vez que a pequena propriedade instalada nesses núcleos – localizados em sua maior parte em regiões próximas de grandes áreas produtoras de café – serviria como reserva de mão-de-obra para o trabalho nas fazendas de café.

Neste período, a presença de imigrantes oriundos da Europa latina foi majoritária. Pela ordem de volume: italianos, portugueses e espanhóis. A quarta corrente migratória de maior expressão foi a dos japoneses.

Os registros sobre as entradas de imigrantes no estado de São Paulo não detalham – com raras exceções – as chegadas das diversas nacionalidades por períodos mais limitados (décadas, por exemplo). Os dados gerais, que abrangem por vezes três, quatro ou mais décadas, mascaram a dinâmica dos fluxos migratórios de uma maneira geral e, também, a intensidade da entrada de determinada corrente imigratória.

Por exemplo, apesar de a imigração alemã ter sido pioneira no estado de São Paulo, o maior fluxo de entrada de imigrantes alemães ocorreu entre os anos 1920 e 1930. Nesse período, o ano de 1924 registrou um pico de 22.500 imigrantes entrados. Pelo quadro abaixo observam-se essas variações; importante notar que, salvo alguns anos, como o caso de 1913, a média de entrada foi de aproximadamente 3.000 imigrantes.

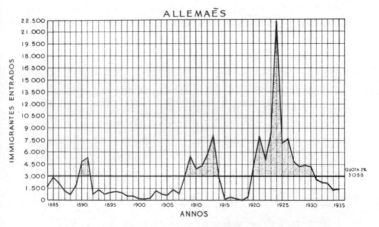

Fonte: *Boletim da Diretoria de Terras, Colonização e Imigração*. São Paulo: Secretaria da Agricultura, Indústria e Comércio, ano 1, nº 1, out. 1937.

A mesma questão ocorre com praticamente todas as nacionalidades. No caso dos poloneses e italianos, os quadros da página seguinte são ilustrativos.

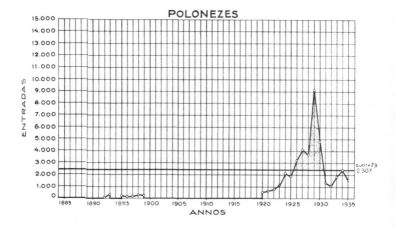

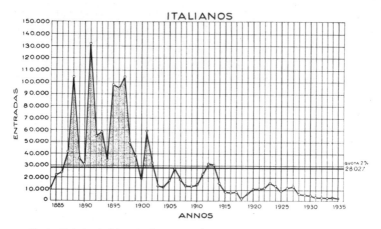

Fonte: *Boletim da Diretoria de Terras, Colonização e Imigração*. São Paulo: Secretaria da Agricultura, Indústria e Comércio, ano 1, n° 1, out. 1937.

Outro problema a considerar é o grande número de imigrantes que não se fixaram no país. Como exemplo tomemos alguns dados sobre a quantidade de imigrantes entrados pelo Porto de Santos entre 1908 e 1926. De um total de 829.788 entrados, foram registradas 464.856 saídas e um saldo de 364.932 imigrantes fixados. Assim, os valores absolutos das entradas não só pelo Porto de Santos como também por outros portos – como os do Rio de Janeiro (RJ), Rio Grande (RS) e Paranaguá (PR), entre outros – devem ser relativizados e sempre considerados como indicativos de entradas, mas nunca como números de fixação efetiva.

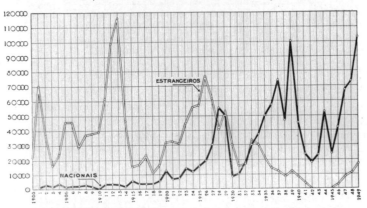

Fonte: *Boletim da Diretoria de Terras, Colonização e Imigração*. São Paulo: Secretaria da Agricultura, nº 5, dez. 1950.

Após o término da Primeira Guerra Mundial, houve mudanças nos fluxos imigratórios para São Paulo; essas foram reflexos da nova geopolítica que emergia na Europa após o conflito. Em primeiro lugar, a fragmentação do Império Austro-Húngaro e do Império Otomano colocou novamente, na cena política daquele continente, países como a Áustria, Hungria, Tcheco-Eslováquia, Iugoslávia, Bulgária, e promoveu o desaparecimento de outros como a Sérvia e o Montenegro. Em segundo lugar, a Revolução

Soviética de 1917 provocou um êxodo significativo de muitas populações que discordavam dos rumos do novo regime, dentre elas as que habitavam a Estônia, a Letônia e a Lituânia.

Poloneses na Hospedaria de Imigrantes. São Paulo (SP), década de 1930. Acervo do Memorial do Imigrante.

Essas mudanças no panorama europeu, especialmente na porção leste daquele continente, fez que afluíssem para São Paulo imigrantes de outras nacionalidades que, até então, tinham pouco peso nas estatísticas imigratórias. Alemães, poloneses, russos, lituanos, húngaros, dentre outros, transformaram o perfil dos imigrantes alojados na Hospedaria a partir do final dos anos 1910 e durante toda a década de 1920.

A passagem de muitos imigrantes do Leste Europeu está registrada em diversos depoimentos colhidos pelo setor de História Oral do Memorial. Magdalena Dobrok Szazi emigrou para o Brasil em 1924, com 12 anos de idade, e permaneceu oito dias na Hospedaria. Segundo ela:

(...) acordava acho que antes das 7 horas, porque às 7 horas já tomava café...eles chamavam...batia um sino, me parece... e a pessoa já tinha que descer para tomar café. Aí tomava café e ficava por ali... ou sentava, ou andava ali no jardim. Para a rua a gente tinha medo de sair, porque nós não conhecia nada (...) aí chegava a hora do almoço, a gente ia, almoçava... e aí às vezes iam deitar. Aí nós ficávamos perto da cama, brincando, qualquer coisa... para não sair, para fora. (...) Minha mãe não deixava sair longe, de perto dela (...) ela era que nem galinha choca... que quer os pintinhos todos embaixo das asas (...) O que foi ruim foi as camas, que a gente achou (...) o pano era muito fino, o capim saía tudo para fora assim... espetava todos nós (...).

Imigrantes em escola alemã. Acervo Iconográfico do Memorial do Imigrante, s/d.

Até 1926, já haviam entrado pelo Porto de Santos imigrantes provenientes de 65 nacionalidades. Apesar desse volume, é possível caracterizar três fluxos distintos de imigrantes na Hospedaria nesse período: imigrantes oriundos da Europa latina, japoneses e europeus provenientes da porção leste.

2ª fase (1930-1945)

A segunda fase corresponde ao período de vigência do primeiro governo do presidente Getulio Vargas e ao contexto da Segunda Guerra Mundial. Tanto o panorama político interno quanto a conjuntura internacional promoveram intensas mudanças na política imigrantista brasileira, a ponto de o governo federal impor severas restrições à entrada de estrangeiros no país e incentivar a migração de brasileiros de outros estados para São Paulo, resultando em uma política de nacionalização da força de trabalho.

O que estava subjacente à política de nacionalização da mão-de-obra, a partir da década de 1930, era a necessidade de remodelar as relações de trabalho, tendo em vista um projeto integrador para a nação. Esse movimento, prerrogativa também de outros regimes autoritários do período, presentes em países como Alemanha, Japão, Itália, Portugal e Espanha, apoiava-se num certo xenofobismo, levando a uma revisão da idéia do estrangeiro como o trabalhador ideal. Essa revisão esteve expressa, por exemplo, na preocupação com a existência de colônias de imigrantes no Brasil, especialmente de alemães, italianos e japoneses.

Essas colônias foram consideradas como elementos que poderiam desestabilizar a segurança nacional. No final da década 1930, e principalmente a partir da Segunda Guerra Mundial, a preocupação com os núcleos de colonização estrangeira no país foi bastante expressiva.

A presença de estrangeiros também suscitou preocupações com o mercado de trabalho.

> *Logo após o triunfo da Revolução de 1930, [preocupou-se] o Governo Provisório seriamente com o fenômeno dos desempregados e, entre outros, consideramos o Decreto 19.842, que limitou a entrada no território, durante um ano, de passageiros de 3ª classe, (...) a entrada desordenada de estrangeiros que viriam aumentar a desordem econômica e a insegurança social. Entrávamos, pois, no regime claro da legislação defensiva em prol dos trabalhadores nacionais (...)*
>
> POPPE, Paulo. *Leis Imigratórias*, p. 15.

Dessa forma, o discurso oficial justificava a instituição do regime de cotas de 2%, que limitava o número de imigrantes que poderiam entrar no país, de acordo com o número de pessoas da respectiva nacionalidade entradas nos últimos trinta anos. Assim, por exemplo, se nos últimos cinqüenta anos tivessem chegado 100 mil alemães, só poderiam entrar no país 2 mil alemães por ano.

Assim, o trabalhador brasileiro passava a assumir todos os atributos desejáveis, não representando perigo à vida social do país. As medidas de proteção caminhavam basicamente para a reserva de mercado do trabalho nacional – fosse no campo ou nas cidades. Existe uma vasta literatura que discute os objetivos e os resultados dessas limitações para a entrada de estrangeiros no país após 1930. O desemprego que foi gerado no meio dos trabalhadores estrangeiros – as empresas foram obrigadas a colocar, em seus quadros de funcionários, dois terços de trabalhadores nacionais – contribuiu muito para a desarticulação de lideranças anarquistas e comunistas.

Migrantes nacionais no portão central da Hospedaria de Imigrantes, c. 1940.
Acervo Iconográfico do Memorial do Imigrante.

Como reflexo desta política de nacionalização da mão-de-obra, houve um decréscimo da população estrangeira na capital paulista e o conseqüente aumento do número de brasileiros (PAIVA, 2004). Da totalidade de estrangeiros e brasileiros de outros estados entrados na cidade de São Paulo, na década de 1920, os estrangeiros representavam 75,51% e os brasileiros, apenas 24,49%. A partir da década de 1930, este quadro alterou-se radicalmente. Os estrangeiros passaram a representar apenas 31,26%, enquanto os nacionais responderam por 68,74%.

A Hospedaria de Imigrantes, neste contexto, passa a receber uma grande quantidade de trabalhadores migrantes e a encaminhá-los para as atividades agrícolas do interior paulista (fazendas de café e de algodão) de modo cada vez mais intenso. Para Rosaura Street, que trabalhou na Hospedaria entre 1935 a 1960,

(...) Era terrível a situação deles (...). Ah, porque eles vinham numa situação horrível, andando três, quatro dias de caminhão, sentados em tábuas (...) não era ônibus, era caminhão mesmo. Era muito triste, muito (...) "pau-de-arara" (...). Isso eu vi muitos. Muitos, muitos, muitos e muitos! Eles carregados parecia gado descarregando. (...) Engraçado, eles traziam uma arma qualquer, tanto que nós tínhamos uma sala de armas, porque a gente tinha de desarmá-los. Porque essa cidade cheia de nordestinos armados, já viu só, né? (...) Tinha tudo (...) tinha pedra, tinha algemas, tinha machado...

Durante esta fase, a Hospedaria de Imigrantes recebeu, majoritariamente, migrantes nacionais. O grupo estrangeiro mais expressivo foi o dos japoneses que, apesar das restrições no período, mantiveram certa regularidade de inserção. Assim, o nacionalismo (vigente nos planos interno e externo) e o panorama beligerante do período pré-Segunda Guerra Mundial alteraram significativamente os fluxos migratórios na Hospedaria, se comparados com o período anterior.

3ª fase (1947-1968)

Essa fase corresponde ao término da Segunda Guerra Mundial e à transferência (em 1968) das atividades de recepção, triagem e encaminhamento de trabalhadores migrantes e imigrantes, da Secretaria da Agricultura para a Secretaria da Promoção Social. Novamente, a conjunção de fatores internos e externos modifica os rumos da política imigratória para São Paulo.

Do ponto de vista interno, as atividades agrícolas continuam agregando grande quantidade de mão-de-obra e, conseqüentemente, a chegada a São Paulo de trabalhadores nacionais mantém-se intensa. A Hospedaria de Imigrantes continuará a ser o abrigo desses, após a saída da Escola de Aviação de suas dependências em 1951.

Paralelamente, cresce o peso das atividades fabris em São Paulo, exigindo a vinda de uma mão-de-obra mais qualificada para a indústria paulista. Estas novas necessidades do mercado de trabalho serão supridas por trabalhadores vindos da Europa, em virtude da difícil situação econômica de muitos países daquele continente, após a Segunda Guerra Mundial. Neste contexto, surgem os Deslocados de Guerra – pessoas que foram alojadas em campos de refugiados.

O governo brasileiro celebra um acordo com a Organização Internacional de Refugiados para a recepção e o encaminhamento desses trabalhadores no país. Russos, poloneses, lituanos, búlgaros, húngaros, tchecos e iugoslavos, além de muitos considerados *apátridas*, compuseram o perfil desse novo – embora restrito do ponto de vista temporal – fluxo imigratório para São Paulo.

Deslocados de guerra russos deixando um campo de refugiados na Áustria, com destino ao Porto de Hamburgo, de onde embarcariam para o Brasil. Áustria, 1948.

A Hospedaria de Campo Limpo, situada na cidade de mesmo nome, próxima à capital, foi constituída em 1947 para alojar especificamente aqueles imigrantes. Eram, no geral, pessoas provenientes do meio urbano, consideradas como mão-de-obra qualificada; dentre eles havia muitos engenheiros, arquitetos, torneiros, mecânicos, ajustadores. Assim se reiniciava um novo movimento imigratório para a América.

Nos anos 1950, um acordo entre o governo brasileiro e o Comitê Intergovernamental para Migrações Européias (Cime) manteve o fluxo para o país desse tipo de trabalhador. Não há estatísticas sistematizadas sobre a entrada desses trabalhadores, no período que compreende as décadas de 1940 a 1960. É possível afirmar, entretanto, que o fluxo imigratório foi pequeno se comparado com o da primeira fase (1888-1929).

A partir de meados da década de 1940, e pela primeira vez na história da imigração para São Paulo, o governo estadual empenhou-se de forma mais efetiva em uma política imigratória, que selecionava um trabalhador de perfil mais adequado às atividades industriais.

Na Hospedaria de Imigrantes, os serviços de recepção, triagem e encaminhamento foram direcionados para a inserção dos imigrantes nas indústrias da capital e regiões próximas a ela. A entrada de imigrantes europeus, oriundos de diversas partes daquele continente, ganha novo impulso, embora em menor magnitude. São italianos, espanhóis, gregos, alemães, belgas, suíços, holandeses. Ao contrário de seus antepassados, estes novos imigrantes foram *produzidos* num outro momento das relações econômicas no plano mundial, distinto, evidentemente, dos marcos do final do século XIX.

Durante esse período, as migrações internas mantiveram-se presentes na Hospedaria. Pela primeira vez em sua história, um contato mais direto entre o trabalhador nacional – direcionado às atividades rurais – e o trabalhador estrangeiro – direcionado às atividades urbanas – se fez com maior intensidade naquele espaço.

4ª fase (1968-1978)

Nesse período, a Secretaria da Agricultura deixa de atuar nos serviços de recepção, triagem e encaminhamento de imigrantes e migrantes para o mercado de trabalho. A partir de 1968, a Secretaria da Promoção Social assumiria esses serviços. A transferência de responsabilidades de uma Secretaria para a outra expressa uma questão importante. A partir da década de 1960, o grande afluxo de migrantes nordestinos para São Paulo fez que a migração deixasse de ser vista como uma questão de política de mão-de-obra e passasse a ser pensada como um problema de assistência social.

Ficha de atendimento a migrante nacional. Acervo Documental do Memorial do Imigrante.

O crescimento desordenado da cidade e os problemas como a favelização, a falta de moradia e de trabalho demonstraram que não cabia mais à Secretaria da Agricultura esta responsabilidade. A Secretaria da Promoção Social, por intermédio do Departamento de Amparo e Assistência Social, passou a coordenar este serviço, que se manteve até fins da década de 1980.

A imigração neste período reduziu-se significativamente. Por meio do Serviço de Imigrantes Estrangeiros (SIE), os imigrantes vindos por acordo entre o governo brasileiro e o Comitê Intergovernamental para as Migrações Européias (Cime) eram recebidos no Porto de Santos e, a partir da década de 1970, também no Aeroporto de Congonhas, e encaminhados às companhias empregadoras. Muitos deles ficaram alojados nas dependências da Hospedaria de Imigrantes, enquanto não encontravam residência definitiva.

A história da imigração e migração para São Paulo sempre esteve associada a elementos que informaram tanto a conjuntura interna brasileira quanto a conjuntura externa. As alterações dos fluxos imigratórios demonstraram que o tema da imigração não pode ser tratado como algo contínuo e linear.

Um bom exemplo disto se dá na comparação dos perfis daqueles que chegaram ao país entre o final do século XIX e início do século XX, com aqueles que imigraram entre os anos de 1950 e 1970. Os primeiros eram em sua grande maioria agricultores, enquanto os últimos tinham um perfil profissional mais voltado para as atividades urbanas e industriais.

Visto na perspectiva das diferentes nacionalidades e etnias, o mesmo pode ser observado no tema da imigração. O afluxo de determinados grupos como italianos, japoneses, espanhóis ou portugueses – característicos da primeira fase – foi abrindo espaço para outras nacionalidades e etnias, a partir da década de 1920. Mesmo na migração de brasileiros de outros estados para São Paulo, podem-se perceber essas mudanças de mão-de-obra para a agricultura, nas décadas de 1930, 1940 e 1950, para a inserção como operários nas fábricas e na construção civil, nos anos 1960 e 1970.

Os coreanos foram o último grupo de imigrantes a serem alojados na Hospedaria. O ano era 1978. A Hospedaria de Imigrantes sobreviveu e manteve-se atuante apesar de todas as transformações sofridas pelos deslocamentos populacionais para São Paulo. Suas funções e serviços mostraram-se bastante adaptáveis ou readaptáveis para os desafios e necessidades de cada uma das fases. Ela foi, por noventa anos, um importante instrumento da política de mão-de-obra para o estado de São Paulo.

MIGRAÇÕES INTERNAS: AUSÊNCIA E PRESENÇA

A imigração, elemento da história regional paulista, revela uma presença na qual a relação entre a memória e a história habitam espaços sociais em comum produzindo saberes que se complementam e se dissociam. Há por um lado, uma presença da imigração na história de São Paulo representada no cotidiano vivido, cujas expressões mais visíveis estão nas festas, nos eventos culturais e na culinária. Esta presença busca seu pertencimento no tempo – pouco definido – da imigração, cujos marcos cronológicos são ambíguos ou pouco explicitados. Por outro lado, a produção acadêmica sobre a imigração, já há pelo menos quatro décadas, tem refletido ora sobre a compreensão dos elementos macroestruturais do processo imigratório, ora sobre suas particularidades e especificidades temporais, étnicas, econômicas, políticas e culturais (FAUSTO, 1991).

Assim, a memória e a história da imigração para São Paulo têm partilhado um espaço social marcado, de um lado, pela fragmentação vivida pelos imigrantes e seus descendentes e, por outro, pela produção de um saber que, em seu conjunto, permite maior inteligibilidade e coesão ao processo imigratório. Até os anos 1990, a memória e a história não possuíam espaços institucionais oficiais rigorosamente definidos, mesmo considerando a existência de associações de imigrantes, clubes, institutos ou casas cultura.

Não havia um espaço público que assumisse a responsabilidade da preservação da memória e da história da imigração para São Paulo. A criação do Memorial do Imigrante em 1998 ocupou este lugar, colocando uma nova questão, qual seja: a relação entre a *memória* e a *história*.

Na década de 1990, esforços que remontavam à década anterior, com a criação do Centro Histórico do Imigrante (1986), ganharam concretude na formação do Museu da Imigração em São Paulo. O projeto original do Museu foi redimensionado, criando-se, em 1998, o Memorial do Imigrante, instalado no antigo prédio da Hospedaria de Imigrantes e tendo sob sua responsabilidade a guarda, preservação e divulgação do patrimônio da antiga Hospedaria. O Memorial do Imigrante herdou a função de um espaço institucional de guarda, preservação e divulgação dessa *memória-história*.

A partir dos anos 2000, o Memorial obteve espaço significativo na mídia; cenário de novelas, filmes, documentários e reportagens produzidos por diversos meios de comunicação, a edificação centenária tem sido reconhecida como um lugar importante na história da cidade. Esta visibilidade incentivou o poder público a investir de forma mais sistemática na recuperação do prédio, dos espaços de visitação e na melhoria da infra-estrutura de recepção dos visitantes.

Diversas comunidades de imigrantes afluem cada vez mais às dependências do Memorial, reeditando no tempo atual a trajetória de seus antepassados, desta vez, para realizar suas exposições comemorativas; milhares de estudantes do ensino médio e fundamental percorrem seus espaços todo ano em visitas monitoradas; centenas de descendentes de imigrantes pesquisam nos totens multimídia informações sobre seus antepassados, em sua maioria com o objetivo de conseguir dupla cidadania; dezenas de pesquisadores consultam o acervo da biblioteca procurando subsídios para seus trabalhos. Exposições temáticas são realizadas, bem como eventos que reúnem, todo o ano, milhares de pessoas; é o caso da Festa do Imigrante, que ocorre anualmente no mês de junho.

Assim, paulatinamente, o Memorial do Imigrante constituiu-se como um espaço de referência para a preservação e divulgação da *memoria-história* da imigração para São Paulo. Mas de que memória ou de qual história da imigração se *fala* no Memorial do Imigrante? Trata-se do que a historiografia denomina como a grande imigração. Em seus espaços há um elogio à história da imigração do final do século XIX até os anos 1920. Os temas são os já conhecidos e trabalhados pela historiografia: imigração e cafeicultura, imigração e colonização, imigração e industrialização, imigração e movimento operário, imigração e cidade. Em cada um dos espaços de visitação, o público tem contato com representações de uma história de sucesso e de progresso; a imigração é apresentada como elemento de atualização histórica para a comunidade hospedeira e de superação e vitória das condições precárias vividas pelos imigrantes em sua terra natal. A confluência entre um *concebido* (representações advindas da historiografia) e um *vivido imigrante* ainda presente na cidade (cotidiano, cultura, costumes e ancestralidades) ganharam no espaço do Memorial do Imigrante um lócus concreto para sua publicização e, em certa medida, manutenção.

Entretanto, se o Memorial representou a confluência entre a *memória-história* da imigração, a sua dimensão como o espaço de abrigo de trabalhadores nacionais não emergiu com a mesma força. Em outros termos, a presença dos migrantes naquele espaço foi ocultada durante a maior parte do tempo. A passagem de mais de um milhão de pessoas oriundas de diversas regiões do país – notadamente do Nordeste – recebeu pouca atenção desde a constituição do Centro Histórico do Imigrante em 1986.

Não se quer aqui propor uma teoria da conspiração sobre o ocultamento e muito menos o fato de ele ter sido resultado de um projeto de expurgo de parte da memória da Hospedaria. De qualquer forma, o fato é que até o momento, em apenas duas ocasiões, uma delas em 2000, quando da exposição *Migrantes na Terra Prometida*, e em 2007, com a exposição *Hospedaria do Brás*, a presença dos nacionais foi pouco explicitada no conjunto dos projetos que se desenvolveram naquele espaço.

Embora nos últimos anos tenha havido uma tendência em se repensar esse ocultamento, é inegável que, de um lado, a marca de origem da Hospedaria como Hospedaria de Imigrantes e, de outro, a criação do Memorial do Imigrante contribuíram para que uma outra memória-história – a da migração para São Paulo e sua presença no cotidiano da Hospedaria – fosse subdimensionada.

Entre esses dois momentos (passado Hospedaria de Imigrantes/presente Memorial do Imigrante), as considerações apresentadas neste capítulo comporão uma tríade na qual a migração como *evento histórico* caudatário de representações negativas na história de São Paulo teve seus reflexos na *memória-história* da Hospedaria.

Chegou ontem à Hospedaria de Imigrantes
uma família composta de marido, mulher e nove filhos, procedentes de Vila Velha, Estado da Bahia, de onde saíram no dia 22 de abril próximo passado, fazendo a pé todo o trajeto até Belo Horizonte. Vão com destino a Monte Santo e acham-se todos bem dispostos, nada tendo estorvado sua marcha de 4 meses e 8 dias até esta capital.

O Estado de S. Paulo, 1º de setembro de 1899.

A migração de brasileiros de outros estados para São Paulo foi contemporânea à entrada de imigrantes europeus. A primeira menção sobre a passagem de trabalhadores nacionais pela Hospedaria de Imigrantes de São Paulo data de 1888. Tratava-se de um grupo de cearenses enviado para o interior do estado como mão-de-obra para a cafeicultura. Entretanto, a entrada de estrangeiros em São Paulo foi superior à dos nacionais – no período que compreende o final do século XIX até a década de 1920.

A chegada em São Paulo de migrantes oriundos do Nordeste – fugidos da grande seca de 1877 – foi tratada por Di Francesco (1999) em seu estudo sobre a hospedagem de estrangeiros na cidade de São Paulo. Foi na incidência dessa seca que muitos cearenses deslocaram-se também para a região da Amazônia, ao passo que outros empreenderam um processo de migração para o Sul do país, que permanece até os nossos dias.

Em relatório do então presidente da Província de São Paulo, João Batista Pereira, há a seguinte menção:

Seca no Norte do Império

"As provações por que têm passado algumas províncias do Norte, flagelladas pela seca, tocam a sensibilidade dos habitantes desta Província que promptos, acudiram ao apello da caridade. Para occorrer as despesas com o trat° e agasalho de retirantes cearenses, vindos para esta província, abri, por ato de 6 de maio e na forma do artigo 4°, Parágrafo 1° do Decreto 2884 de 1° de fevereiro de 1862, e da autorisação concedida por Aviso do Ministério do Império, de 23 de abril, um crédito na quantia de 10:000$000."

DI FRANCESCO, Nelson. *A Hospedagem dos imigrantes na imperial cidade de São Paulo.*

Apesar disso, o tema da migração para o estado de São Paulo – entre o final do século XIX até os anos 1950 – não foi explorado na mesma intensidade que o da imigração. As razões para isso são variadas. Por um lado, e como foi afirmado anteriormente, do ponto de vista quantitativo, a chegada de trabalhadores vindos da Europa, do Oriente Médio e da Ásia (Japão) foi bastante superior à de trabalhadores nacionais, entre o final do século XIX e as primeiras décadas do século XX. Este fato, por si, justifica a maior importância dada aos estudos sobre a imigração. Todavia, outro aspecto deve ser explorado: o da necessidade da construção, pelos paulistas, de uma identidade imigrante.

As razões da construção dessa identidade remontam ao final do século XIX. A partir da abolição da escravidão (1888), setores da elite preocuparam-se com os possíveis desdobramentos da presença dos negros na constituição da sociedade brasileira. Segundo as teorias eugênicas produzidas na Europa, a partir de meados do século XIX, a *raça branca* de origem européia representava o estágio mais avançado da evolução humana. Essas teorias embasaram a dominação européia sobre imensas regiões do planeta naquele momento, notadamente a África e parte da Ásia (Índia, China e outras áreas do Sudeste Asiático).

Entre o final do século XIX e início do século XX, Silvio Romero, Nina Rodrigues e Oliveira Vianna, dentre outros, criaram representações sobre o Brasil e os brasileiros; essas tinham como pressuposto a necessidade da melhoria da raça através do *branqueamento*. A pretensa superioridade da *raça branca*, da religião cristã e da cultura ocidental justificavam, do ponto de vista dos europeus, sua dominação que, ao mesmo tempo, foi compreendida por eles como um fator necessário para a atualização histórica das formas de organização social e de cultura presentes naquelas regiões. Em outros termos, a dominação era um instrumento necessário para o processo de *civilização* dos povos considerados atrasados.

Na avaliação de alguns dos intelectuais do período, como parte da população brasileira era de origem miscigenada, uma sociedade híbrida, composta de mestiços, negros e brancos não configurava a estabilidade que, se supunha, era peculiar às sociedades homogêneas. Alberto Sales identificava, em uma população desse tipo, elementos de *anarquia e desordem* e ausência da possibilidade de progresso. Dessa maneira, a resolução dos problemas da nação – do ponto de vista da elite – era dada pela possibilidade do branqueamento (SALES, 1983).

No Brasil, a inclusão dos ex-escravos numa sociedade que, do ponto de vista de suas elites, se considerava branca e europeizada, criava o fantasma da miscigenação. Através dela, correríamos o risco de nos tornar um país no qual mestiços e negros predominariam sobre os brancos – sociedade que, segundo as teorias eugênicas, seria inferior. Para alguns setores da elite no país, uma nova dominação européia sobre o Brasil não estava descartada, se esse processo ocorresse.

Assim, a alternativa encontrada foi incentivar cada vez mais o processo imigratório para o país, tendo em vista a necessidade de substituição paulatina da mão-de-obra escrava utilizada na lavoura cafeeira, que se expandia cada vez mais nos estados do Centro-Sul do Brasil (Minas Gerais e São Paulo).

Do ponto de vista cultural, a imigração européia auxiliaria no processo de *branqueamento da raça*, afastando a possibilidade de que negros e mestiços constituíssem a maioria da população do país. Foi a partir deste contexto que surgiu uma *identidade imigrante*; ser imigrante ou ter ascendência estrangeira significava possuir algo *superior*, algo que *distinguia* o indivíduo ou o grupo dos outros, dos *brasileiros natos*.

Em São Paulo e também no Sul do país (Rio Grande do Sul, Santa Catarina e Paraná), região de forte tradição imigrantista, essa identidade passaria a ganhar cada vez mais espaço a ponto de produzir estigmas e preconceitos, particularmente contra negros e mestiços, mas também, e principalmente, sobre os brasileiros oriundos de outros estados da Federação; neste particular, os nordestinos (brancos, negros ou mestiços) passaram a ser os mais estigmatizados.

Embora a contribuição dos trabalhadores nacionais (brancos, negros, mulatos, índios) para a construção da economia e da sociedade paulista tenha sido significativa, a *identidade imigrante* ocultou essa contribuição ao produzir representações muitas vezes negativas do migrante. Essas, por sua vez, geraram – e até hoje geram – formas de preconceito contra os brasileiros que ainda migram em busca de uma vida melhor em São Paulo. *Cabeça-chata*, *baiano*, *paraíba* foram representações construídas para discriminar e inferiorizar os nascidos no Nordeste.

Os registros sobre a entrada de trabalhadores migrantes no estado de São Paulo, produzidos por órgãos oficiais como o Departamento Estadual do Trabalho e a Secretaria da Agricultura, Indústria e Comércio, levam em consideração somente os trabalhadores que passaram pela Hospedaria de Imigrantes; por isso, não podem ser compreendidos como expressão da totalidade dos trabalhadores que aqui chegaram. Segundo esses dados, o fluxo migratório já era bastante expressivo na década de 1920, enquanto, no mesmo período, a entrada de imigrantes declinava paulatinamente.

O quadro a seguir demonstra a entrada de trabalhadores nacionais para São Paulo, no período de 1910 a 1933:

Trabalhadores nacionais que entraram no estado de São Paulo, 1910-1933

Ano	Quantidade	Ano	Quantidade
1910	992	1922	7.354
1911	3.482	1923	14.578
1912	3.307	1924	12.076
1913	-	1925	15.906

1914	1.789	1926	19.366
1915	5.233	1927	30.806
1916	3.346	1928	55.431
1917	3.369	1929	50.218
1918	3.594	1930	8.720
1919	5.607	1931	10.174
1920	12.525	1932	18.345
1921	6.923	1933	30.330
Total no período 1910-1933 = 323.471			
Média anual no período 1910-1933 = 14.064			

Fonte: *Processo Secretaria da Agricultura*. Hospedaria de Imigrantes. Série B, nº 34.942, 20 mar. 1952.

A média de entrada de trabalhadores nacionais nos anos de 1910 a 1926 foi de 7.026 trabalhadores; entre 1927 e 1933 essa média sobe para 29.146, perfazendo um aumento de 414% entre as duas fases. Em 1928, a entrada de migrantes no estado de São Paulo supera, pela primeira vez, o número de entrada de imigrantes.

Da totalidade de estrangeiros e brasileiros que entraram na cidade de São Paulo na década de 1920 – em números absolutos, 868.063 – os brasileiros representavam apenas 24,49%, enquanto os estrangeiros somavam 75,51%. No transcurso dos anos 1930 houve uma marcada reversão desse quadro. De um total de 633.986 que entraram na cidade, os nacionais representaram 68,74% e os estrangeiros, 31,26%.

Contudo, desde os anos 1910, o fluxo imigratório para o país tendeu a diminuir, particularmente após a Primeira Guerra Mundial. Entre 1915 e 1920, a média anual de imigrantes entrados em São Paulo caiu para 37 mil, obrigando uma reorientação na política de mão-de-obra paulista. A partir dos anos 1920, já era significativo o número de migrantes oriundos do Nordeste, registrados na Hospedaria dos Imigrantes e alocados nas fazendas do interior do estado.

A imigração européia que se dirige a São Paulo, obedecendo fundamentalmente a influxos econômicos, também era vista como caminho para colocar o Brasil no padrão eugênico dos países considerados avançados. Ao mesmo tempo, o desenvolvimento econômico paulista, capitaneado pela cafeicultura, foi associado ao resultado concreto do esforço do trabalhador imigrante. As elites locais construíram uma imagem de São Paulo como a pátria dos italianos, espanhóis, portugueses, alemães... Reeditava-se, no plano regional, uma noção de superioridade perante outras regiões do país.

Migrantes na Hospedaria, c. 1940. Acervo Iconográfico do Memorial do Imigrante.

No final dos anos 1920, a relação dos nordestinos com São Paulo foi, segundo Alfredo Ellis Jr., assim resumida:

> (...) Geralmente os imigrantes nordestinos (...) não criam raízes. Voltam com grande rapidez. Muito amantes da sua tropical Bahia, ou de seu ressequido Ceará, não ficam muito tempo em São Paulo (...). Assim, eles deixam muito pequeno sulco de influências em São Paulo.
> Aqui tudo lhes é estranho e hostil. Até o clima é, para eles, muito frio e úmido, e a menor notícia de chuva no Nordeste, para lá voltam cheios de ilusões. (Ellis Jr., 1934, p. 248)

Importante notar a afirmação de que eles deixavam poucas influências em São Paulo, pois a terra se apresentava hostil em virtude de seu clima (mais próximo da Europa), e há, até mesmo, certa dose de negatividade apontada na sua *efêmera* contribuição. Ellis Jr., de forma muito sutil, apontava que, na realidade, os nordestinos não queriam ajudar a construir São Paulo, pois, ao menor aceno de chuva no sertão, voltavam para seu lugar.

Dessa forma, São Paulo ganha identidade nas primeiras décadas da República como o lugar dos imigrantes. Estudos que já se tornaram referências sobre o movimento operário no período, como o de DEDECCA (1987), apontam a importância de trabalhadores imigrantes na composição do perfil da força de trabalho na indústria paulista. Entretanto, essa mesma constatação gera certo incômodo e nos faz perguntar onde estavam os nacionais.

A presença dos trabalhadores nacionais nas atividades urbanas de maior visibilidade como no meio fabril foi pouco significativa. Tal fato é corroborado pelas estatísticas produzidas pela Secretaria Estadual do Trabalho e pela Secretaria da Agricultura. Estudos como o de Santos (1998) igualmente corroboram a pouca visibilidade dos nacionais nas atividades urbanas de então.

Distribuição das atividades, por nacionalidade, na cidade de São Paulo em 1893

Atividade	Nacional		Estrangeiro		Total	
Transportes e conexos	1998	18,98%	8527	81,02%	10525	100%
Artísticas	1481	14,46%	8760	85,54%	10241	100%
Comerciais	2680	28,34%	6776	71,66%	9456	100%
Manufatu-reiras	774	21,11%	2893	78,89%	3667	100%
Totais	6933	20,46%	26956	79,54%	33889	

Fonte: *Relatório apresentado ao Cidadão dr. Cezário Motta Júnior, Secretário dos Negócios do Interior do Estado de São Paulo pelo Diretor da Repartição de Estatística e Arquivo Dr. Antônio de Toledo Piza, em 31 de julho de 1894*, 1894, p. 68, 71 e 72. Em: FERNANDES, Florestan. *A integração do negro à sociedade de classe*. São Paulo: Dominus Editora/ Editora da USP, 1965. Apud: SANTOS, 1998:48.

Os números revelam a opção prioritária pelo emprego de trabalhadores estrangeiros. Santos cita o exemplo de fábricas – como a Vidraria Santa Marina –, que não empregavam qualquer trabalhador nacional; este era encarado, portanto, como desqualificado para as atividades fabris. Exerciam atividades consideradas *marginais*: eram camelôs, ervateiros, lavadeiras, carroceiros, ambulantes, domésticos, coletores de lixo.

A partir dos anos 1910, a diminuição significativa da imigração e os conflitos grevistas do final dessa década em São Paulo operaram uma revisão do mito do imigrante como trabalhador ideal; tendeu-se, portanto, à valorização do trabalhador nacional. Contudo, como será apontado a seguir, essa valorização só se concretizou a partir dos anos 1930 e, mesmo assim, de forma ambígua, pois esteve despossuída dos símbolos de positividade construídos em torno da figura do trabalhador imigrante (NAXARA, 1998).

Nas primeiras décadas da República, a migração para São Paulo seguiu os mesmos influxos da imigração. Na perspectiva daqueles que migraram, a saída de regiões assoladas pela seca ou em processo de estagnação econômica – como nas áreas produtoras de cana-de-açúcar em Pernambuco ou de algodão em vários estados nordestinos – encontrou nos estados do Sul do país a possibilidade de um recomeço.

A inserção desses trabalhadores em São Paulo não foi mais fácil do que a dos imigrantes. Embora falassem a mesma língua e compartilhassem aspectos da cultura de sua nova terra – como na religião –, foram recebidos como estrangeiros, numa realidade que procurava negar seus laços com o próprio país. Igualmente aos milhares de imigrantes que vieram para São Paulo, também foram utilizados como mão-de-obra na cafeicultura, nas fazendas do interior do estado, e também auxiliaram no desenvolvimento econômico da cidade de São Paulo, que se tornaria, em poucas décadas, a maior metrópole brasileira. Como bem avaliou Santos, a inserção *marginal* dos migrantes nas atividades urbanas, aliada à *identidade imigrante* construída pelos paulistas, contribuiu para dar pouca visibilidade à contribuição desses agentes.

HOSPEDARIA DE IMIGRANTES: A GRANDE HISTÓRIA E PRODUÇÃO DOCUMENTAL

Em seus noventa anos de história, a Hospedaria nem sempre cumpriu apenas suas funções originais de alojamento de imigrantes. Há ao menos quatro momentos nos quais os influxos da *grande história* adentram aquela instituição, alterando sua dinâmica e, de certa forma, sua identidade.

Em 1893, ocorreu um surto de cólera nas dependências da Hospedaria do Brás, obrigando o governo estadual a instalar a Hospedaria Provisória de São Bernardo do Campo (em área situada atualmente no município de Santo André), nos galpões pertencentes à Cia. Industrial de São Bernardo do Campo. Essa hospedaria encerrou suas atividades em 1896, e os galpões foram devolvidos à companhia proprietária.

No início dos anos 1920, sob o governo do presidente Arthur Bernardes (1922-1926), o país vivia um clima político tenso. Desde 1922, com a revolta do Forte de Copacabana, no Rio de Janeiro, muitos setores da sociedade brasileira estavam descontentes com os rumos da política econômica do governo federal, dentre eles a burguesia cafeicultora (devido ao abandono da política de defesa do café) e o operariado urbano, reprimido duramente por causa dos movimentos grevistas de 1917 e 1919.

Em 1924, a cidade de São Paulo foi palco de um movimento social de grande envergadura: operários, grupos da classe média, pequenos industriais e parte da burguesia cafeicultora revoltaram-se contra o governo federal. Após intensos conflitos armados, nos quais algumas áreas da cidade foram bombardeadas pelas tropas leais ao governo, o presidente Arthur Bernardes decreta o Estado de Sítio.

Liderados pelo tenente-coronel Isidoro Dias Lopes, hoje nome de rua paulistana, os revoltosos entraram em São Paulo, em 5 de julho, permanecendo na cidade até a madrugada do dia 28 do mesmo mês, na esperança de que reforços aliados engrossassem a marcha que fariam sobre a Capital Federal para depor o presidente Artur Bernardes. O clima de terror estabeleceu-se rápido. Os revoltosos fizeram do quartel da Luz o seu quartel-general e expulsaram o presidente do estado de São Paulo do Palácio dos Campos Elísios. O clima, no entanto, era de verdadeira guerra.

O saldo dos combates foi dramático: cerca de 500 mortos, 4.800 feridos, edifícios públicos e privados danificados ou arruinados, indústrias incendiadas, sedes de empresas e armazéns saqueados, praças e jardins públicos devastados, calçamentos de paralelepípedos desmanchados por terem sido usados na formação de trincheiras, animais mortos pelas ruas, grave ameaça de desabastecimento.

A prisão de muitos dos revoltosos era necessária ao controle social. Dadas as suas características arquitetônicas, a Hospedaria era um local propício para encarcerar os tenentes. Assim, durante alguns meses de 1924, a Hospedaria torna-se presídio. Há poucas informações sobre este episódio, uma delas vem de uma fotografia tirada pela Política Técnica que registrou a fuga de um grupo de prisioneiros, cujo instrumento utilizado para a fuga foi a *Teresa*, a tão conhecida corda feita de lençóis.

Em 1932, a Hospedaria serviria novamente como prisão com fins políticos. A Revolução Constitucionalista ocorrida naquele ano levou a que parte do edifício fosse utilizada para esse fim. O curioso deste episódio é que, nos primeiros momentos do conflito, lá foram aprisionados os partidários do governo de Getulio Vargas. Com a derrota dos paulistas no evento, muitos acabaram prisioneiros dos getulistas no mesmo prédio. Alguns anos antes, em 1929, a Hospedaria recebeu os desabrigados da maior enchente que a cidade havia conhecido até então.

Em 1943, ano seguinte à entrada do Brasil na Segunda Guerra Mundial, o Departamento de Ordem Política e Social (DOPS) deixou sob guarda, na Hospedaria, alguns imigrantes japoneses e alemães. Como já apontado anteriormente, muitas autoridades brasileiras consideravam os imigrantes dessas nacionalidades (e também os italianos) como *súditos do Eixo*. Aqueles imigrantes haviam sido expulsos de suas propriedades no litoral paulista, considerada área de segurança. Os que tinham parentes na capital poderiam ficar na cidade, e aqueles que não os possuíam foram alojados em propriedades no interior do estado.

Ainda no contexto da guerra, entre os anos 1943 e 1951, a Escola Técnica de Aviação ocupou parte das dependências da Hospedaria, fazendo que muitos migrantes nordestinos fossem alojados em pequenos hotéis e pensões em torno do edifício da Hospedaria.

Por fim, a partir do final dos anos 1960 e durante os anos 1970, parte de suas dependências seriam ocupadas como abrigo de migrantes que, diferentemente dos períodos anteriores, eram alojados não mais como mão-de-obra, mas sim como *assistidos* pelos serviços sociais da Secretaria da Promoção Social. Assim, parte da Hospedaria transformou-se num albergue, retrato de um novo momento cujos fluxos migratórios deixavam de ser instrumento de política de mão-de-obra para serem vistos como *problema social*.

A riqueza da história da Hospedaria, tanto no que se refere à sua estrutura de funcionamento, quanto em seus diversos usos, está inscrita nos conjuntos documentais depositados em seu acervo e acumulados durante seus noventa anos de atividades. Em seu acervo encontram-se documentos produzidos por diversos órgãos que ocuparam suas dependências, particularmente as Secretarias do Governo do Estado de São Paulo.

Grande parte deste acervo foi produzida como resultado de três funções básicas, atribuídas originalmente à Secretaria da Agricultura. Coube a esta a gestão da política de terras, de mão-de-obra e de colonização. A partir de cada uma dessas funções, foram gerados alguns tipos documentais. Fazem parte da política de terras aqueles relacionados à discriminação de terras devolutas e ao fomento à produção agrícola.

Os registros sobre a recepção e o encaminhamento de trabalhadores estrangeiros e nacionais estão distribuídos em três fases. Na primeira delas – final do século XIX até o final dos anos 1920 – houve a preponderância de trabalhadores imigrantes. Na segunda – início dos anos 1930 até os anos 1960 – os trabalhadores nacionais são a maioria. Por fim, na terceira fase, que compreende o período após a Segunda Guerra Mundial (1947) até final dos anos 1970, há uma ênfase na recepção e colocação de mão-de-obra imigrante especializada para a indústria e também na inserção de trabalhadores nacionais para a agricultura e indústria.

Estão relacionados à política de colonização: os processos de fundação de Núcleos Coloniais e Áreas de Colonização; o acompanhamento e coordenação de atividades de suporte aos núcleos e áreas de colonização como concessão de lotes; suporte escolar, médico e sanitário; suporte técnico à produção agrícola; controle de pagamentos dos lotes e inspeção, e coordenação de serviços em colônias particulares, como as do Vale do Ribeira de Iguape, no litoral sul de São Paulo (japoneses).

Em linhas gerais, esses tipos documentais estão agrupados em alguns formatos. As *Listas de bordo* – uma das principais séries do acervo, embora um pouco lacunar – contêm registros de imigrantes que entraram entre os anos de 1882 e 1978, e de imigrantes que retornaram (primeiros anos do século XX até a década de 1950). Os *Livros de registro de imigrantes e migrantes alojados na Hospedaria do Bom Retiro e Hospedaria do Brás*, série mais antiga e também mais orgânica do acervo, compõem um conjunto que abrange o período de 1882 a 1930.

Os *Processos Administrativos da Secretaria da Agricultura* foram produzidos por diversos órgãos, entre o final dos anos 1920 até a década de 1960. Eles contêm temas bastante diversificados, relacionados a terras, política de mão-de-obra e colonização. Já os *Processos do Serviço de Registro de Estrangeiros*, das Delegacias de Polícia de Catanduva, Itajobi, Novo Mundo, Tabapuã e Ariranha foram produzidos a partir de 1938 até meados da década de 1940. São aproximadamente 6 mil processos com as seguintes informações: nome, data de chegada no Brasil, composição familiar, profissão, residência etc.

As *Fichas de registro de imigrantes* registram a entrada de trabalhadores no país, por acordos entre o governo brasileiro e a Organização Internacional de Refugiados e, posteriormente, com o Comitê Intergovernamental para Migrações Européias. Esta série está dividida em duas fases: entre 1947 e o início dos anos 1950, há uma preponderância de refugiados de guerra; após este período até o final dos anos 1970, o perfil modifica-se com a entrada de trabalhadores de diversas nacionalidades (italianos, espanhóis, alemães, suíços, japoneses etc.).

Há também, no acervo, documentos pessoais de imigrantes. Esses abrangem o período entre as primeiras décadas do século XX até os anos 1950, e constituem-se basicamente de passaportes, cartas de chamada, carteiras de trabalho e correspondência pessoal.

O Memorial possui ainda uma biblioteca, cujo acervo foi adquirido primeiramente nos anos 1940 e 1950 com obras das áreas de agricultura, medicina, filosofia, economia, sociologia, política, antropologia, direito, história e geografia, assim como parte da coleção Brasiliana e números esparsos de revistas sobre agricultura, indústria e comércio, que serviam como suporte aos estudos e trabalhos dos técnicos da Instituição. O acervo também conta com alguns números dos *Boletins do Departamento de Imigração e Colonização*, *Boletim do Departamento Estadual do Trabalho e do Ministério do Trabalho*. Uma segunda fase, iniciada nos anos 1990, tem paulatinamente transformado a antiga biblioteca em um espaço especializado no tema imigração e assuntos correlatos.

Há ainda um setor audiovisual que guarda entrevistas produzidas pelo Setor de História Oral; é um trabalho voltado para a recuperação da memória de imigrantes de diversas nacionalidades. As transcrições estão disponíveis para consulta na biblioteca, em formato de cadernos e também registradas em vídeo. Há ainda vídeos temáticos. O acervo reúne uma coleção de documentários e entrevistas sobre o tema *imigração*, produzidas por emissoras de televisão e instituições culturais. Possui vídeos que registram as exposições temporárias e as diversas edições da Festa do Imigrante, realizada anualmente nas dependências do Memorial.

O setor iconográfico reúne fotografias produzidas principalmente entre as décadas de 1930 e 1940, que registram as atividades ligadas aos serviços de colonização e recepção de mão-de-obra. A partir dos anos 1990, foi agregado ao acervo outro conjunto de fotografias, produzidas com base nos trabalhos do setor de História Oral do Memorial e, também, nas exposições fotográficas e na captação de acervo.

Há, ainda, no acervo, mapas e plantas cuja produção data desde o início do século XX até a década de 1960. Em seu conjunto há mapas de levantamento topográfico do estado de São Paulo, mapas de núcleos coloniais e áreas de colonização, plantas de fazendas e plantas parciais da Hospedaria.

Crianças brincando no pátio da Hospedaria de Imigrantes. São Paulo (SP), década de 1930. Acervo do Memorial do Imigrante.

A *Reserva Técnica* agrega móveis e utensílios que fizeram parte dos antigos ambientes da Hospedaria de Imigrantes e também alguns daqueles que fizeram parte do cotidiano dos imigrantes como roupas típicas, instrumentos de trabalho, móveis, utensílios de cozinha, diversos tipos de enfeites e adornos, equipamentos como balanças, microscópios, instrumentos médico-cirúrgicos e dentários, moedas e objetos de uso pessoal.

CONSIDERAÇÕES FINAIS

Em seus noventa anos, a Hospedaria de Imigrantes recebeu 75 nacionalidades e etnias, além de brasileiros provenientes de várias regiões do país. Por ela passaram aproximadamente 1,9 milhão de imigrantes e mais de 1 milhão de migrantes nacionais.

Em 1993, foi criado o Museu da Imigração, que ocupara parte das instalações da antiga Hospedaria. Sua reestruturação em 1998 deu origem ao Memorial do Imigrante, com o objetivo de preservar, catalogar, pesquisar e divulgar a História da Imigração e a memória dos imigrantes que vieram para o estado de São Paulo.

O Memorial do Imigrante ocupa 30% da antiga Hospedaria de Imigrantes. Nele desenvolve-se uma variedade de serviços dedicados à preservação da história da imigração e da migração para São Paulo. A maior parte do edifício – que atualmente não é administrada pelo Memorial do Imigrante – continua com objetivos próximos aos da fundação da Hospedaria no século XIX. Lá funciona a Associação Internacional conhecida como Arsenal da Esperança, uma entidade sem fins lucrativos que abriga homens sem moradia, migrantes carentes e refugiados políticos.

Entre todas as instituições similares, a Hospedaria de Imigrantes de São Paulo representa, atualmente, a única que congrega tanto as funções de espaço de preservação da história da imigração quanto de acolhida a migrantes nacionais e estrangeiros. Esta particularidade da Hospedaria demonstra a sua vitalidade em se manter presente e atuante no quadro complexo das migrações contemporâneas.

No continente americano, duas outras hospedarias de Imigrantes destacaram-se no contexto da grande imigração: a Hospedaria de Buenos Aires e a Hospedaria da Ilha de Ellis, em Nova York. Ambas transformaram-se em museus de imigração bastante visitados pelo público interessado no resgate e na preservação da memória da imigração.

Espaço de memória e espaço da História, a antiga Hospedaria de Imigrantes de São Paulo mantém, no tempo presente, parte do passado da cidade. Elo entre tempos cada vez mais distantes, sua presença na paisagem de São Paulo propicia uma compreensão mais arguta sobre a história de uma cidade marcada pela diversidade de seus habitantes.

ANEXOS

Trabalhadores migrantes em trânsito pela Hospedaria de Imigrantes de São Paulo, período: 1935-1959 – principais contingentes, por estados de procedência e fatores que influenciaram a corrente neste quarto de século

FATORES	Anos	ESTADOS DE PROCEDÊNCIA			
		BA	MG	PE	AL
Imigração subsidiada	1935	16872	21152	725	2270
	1936	21312	13588	2030	3469
	1937	17118	13763	12031	12713
	1938	19221	9099	3385	6374
	1939	62972	19584	2998	822
Guerra	1940	28258	9396	1464	1054
	1941	8854	6618	1202	2218
	1942	4517	2527	2448	1186
	1943	7170	6271	3099	1653
	1944	19147	13416	3522	4535
Pós-guerra	1945	7757	5083	1400	3358
	1946	16086	12282	4297	3730
	1947	28316	21370	4243	4302
	1948	27191	20762	6195	6850
	1949	34355	29810	11438	9792
Grande seca	1950	36290	27141	11658	11848
	1951	76204	46866	25842	20474
	1952	113758	44480	31731	28125
	1953	38409	21551	17744	13550
	1954	26289	23892	14855	15442
Pequena seca	1955	20724	19551	16450	16631
	1956	19789	16885	17287	17114
	1957	10071	11251	7039	6170
	1958	14889	15931	24911	12403
	1959	27315	30451	23246	13474
1º quinqüênio		137495	77186	21169	25648
2º quinqüênio		67946	38228	11735	10646
3º quinqüênio		113705	89307	27573	28032
4º quinqüênio		290950	163930	101830	89439
5º quinqüênio		92788	94069	88933	65792
TOTAIS		702884	462720	251240	219557
Porcentagem		35,7	23,5	12,7	11,1

Fonte: São Paulo (Estado). Secretaria da Agricultura. Departamento de Imigração e Colonização. *Estatística dos trabalhos executados pelo Departamento de Imigração e Colonização durante o ano de 1961*. São Paulo, 1962, p. 43.

ESTADOS DE PROCEDÊNCIA						
CE	SE	PB	PI	RN	Outros	TOTAL
122	188	22	92	32	2791	44266
1707	1456	61	836	166	5424	50049
1972	2082	254	348	753	5890	66924
374	1065	119	412	76	1217	41342
771	394	79	758	212	1061	89651
337	425	139	168	250	4395	45886
616	412	126	148	147	3572	23913
3771	688	530	63	600	2000	18330
2074	560	200	393	129	2122	23671
4441	2921	935	1005	423	2841	53186
3010	1806	1146	205	137	2061	24963
1811	1171	259	266	373	1972	42247
2741	2108	503	547	402	2599	67131
4374	2134	961	697	489	2962	72615
6379	3096	1398	1954	702	3319	102245
3636	4311	639	1008	783	2755	100123
21130	8949	3642	2608	1079	1721	208515
15025	9182	3148	2625	620	892	249586
9814	3333	2457	1496	995	1031	110580
5789	3928	1556	979	557	1039	94326
3865	6998	1334	963	547	1424	88487
3231	7039	1811	1012	308	1925	86401
1706	2411	1326	516	279	3206	43975
18007	4803	5855	763	944	3282	101788
10633	5233	4240	918	746	4712	120968
4946	5185	535	2446	1239	16383	292232
11239	5006	1930	1777	1549	14930	164986
18315	10315	3267	3669	2103	12913	309199
55394	29703	11496	8716	4034	7438	762930
37442	26484	14566	4172	2824	14549	441619
127336	**76693**	**31794**	**20780**	**11749**	**66213**	**1970966**
6,4	3,9	1,6	1,1	0,6	3,4	100,0

Imigrantes estrangeiros que entraram no estado de São Paulo, período: 1895-1961

PERÍODO	TOTAL	ITALIANOS	PORTUGUESES
1885-1889	167664	137367	18486
1890-1894	319732	210910	30752
1895-1899	415253	219333	28259
1900-1904	171295	111039	18530
1905-1909	196539	63595	38567
1910-1914	362898	88692	111491
1915-1919	83684	17142	21191
1920-1924	197312	45306	48200
1925-1929	289941	29472	65166
1930-1934	128899	6946	17015
1935-1939	69125	5483	19269
1940-1944	12764	307	6671
1945-1949	41228	9212	11443
1950-1954	198042	50435	70806
1955-1959	166961	24693	48347
De 1885 a 1909	1270483	742244	134594
De 1910 a 1934	1062734	187558	263063
De 1935 a 1959	488120	90130	156536
1960 e 1961	51983	4144	14982
De 1885 a 1961	2873320	1024076	569175

ESPANHÓIS	JAPONESES	DIVERSOS	NÃO ESPECIFICADOS
4843	-	6968	-
42316	-	20899	14855
44678	-	11305	111678
18842	-	11191	11693
69682	825	23870	-
108154	14465	40096	-
27172	12649	5530	-
36502	6591	60713	-
27312	50573	117418	-
4876	76527	23535	-
1708	252141	17524	-
181	2945	2660	-
1136	1	19436	-
34256	2671	39874	-
28040	25912	39969	-
180361	825	74233	138226
204016	160805	247292	-
65321	56670	119463	-
12539	11104	9214	-
462237	229404	450202	138226

Fonte: São Paulo (Estado). Secretaria da Agricultura. Departamento de Imigração e Colonização. *Estatística dos trabalhos executados pelo Departamento de Imigração e Colonização durante o ano de 1961.* São Paulo, 1962, p. 44.

Imigração estrangeira e nacional para o estado de São Paulo, período: 1820-1961

| PERÍODOS | TOTAIS | IMIGRANTES E MIGRANTES NACIONAIS | | PORCENTAGEM | |
		ESTRANGEI-ROS	NACIO-NAIS	Estrang.	Nac.
1820-1900	974.177	973.212	965	99.90	0,10
1901-1905	205.297	193.732	11.565	94,39	5,31
1906-1910	200.487	190.186	10.301	94,86	5,14
1911-1915	356.045	339.026	17.019	95,22	4,78
1916-1920	128.539	100.098	28.441	77,87	22,13
1921-1925	279.548	222.711	56.837	79,67	20,33
1926-1930	409.086	253.265	155.821	61,91	38,09
1931-1935	275.446	119.204	156.242	43,28	56,72
1936-1940	350.320	56.468	293.852	16,12	83,88
1941-1945	148.826	4.763	144.063	3,20	96,80
1946-1950	445.389	61.030	384.359	13,70	86,30
1951-1955	973.586	210.879	762.707	21,66	78,34
1956-1960	676.984	159.360	517.624	23,54	76,46
1820-1960	5.423.730	2.883.934	2.539.796	53,17	46,83
Em 1961	152.735	26.562	126.173	17,40	82,60
1820-1961	5.576.465	2.910.496	2.665.969	52,20	47,80

Fonte: São Paulo (estado). Secretaria da Agricultura. Departamento de Imigração e Colonização. *Estatística dos trabalhos executados pelo Departamento de Imigração e Colonização durante o ano de 1961*. São Paulo, 1962, p. 45.

BIBLIOGRAFIA

BOLETIM DO DEPARTAMENTO ESTADUAL DO TRABA-LHO. 1927. São Paulo: Secretaria da Agricultura, Comércio e Obras Públicas, ano 16, n. 58, 1º trim.

BOLETIM DA DIRETORIA DE TERRAS, IMIGRAÇÃO E COLONIZAÇÃO. 1937. São Paulo: Secretaria da Agricultura, Indústria e Comércio, ano 1, n. 1, out.

BOLETIM DO SERVIÇO DE IMIGRAÇÃO E COLONIZA-ÇÃO. 1941. São Paulo: Secretaria da Agricultura, Indústria e Comércio. n. 3, mar. e n. 4, dez.

BOLETIM DO DEPARTAMENTO DE IMIGRAÇÃO E CO-LONIZAÇÃO. 1950. São Paulo: Secretaria da Agricultura, n. 5, dez.

CARNIER Jr., Plínio. 1999. *A Imigração para São Paulo: a viagem, o trabalho, as contribuições.* São Paulo: edição do autor.

DE DECCA, Maria Auxiliadora Guzzo. 1987. *A vida fora das fábricas: cotidiano operário em São Paulo, 1920-1934.* Rio de Janeiro: Paz e Terra.

DI FRANCESCO, Nelson. 1999. *A hospedagem dos imigrantes na Imperial Cidade de São Paulo (um resgate documental, cronológico dos primeiros tempos 1827-1888)*. São Paulo, mimeo.

_____. 1999. *Imigração alemã no Brasil*. São Paulo: Memorial do Imigrante/Museu da Imigração (Série Resumos, n. 3).

DULLEY, Richard Domingues. 1988. *Políticas agrícolas em São Paulo (1930-1980): o papel da Secretaria da Agricultura*. Dissertação (Mestrado em Política Agrícola); Instituto de Ciências Humanas e Sociais, Universidade Federal do Rio de Janeiro.

ELLIS Jr., Alfredo. 1934. *Populações paulistas*. São Paulo: Editora Nacional.

FAUSTO, Boris. 1991. *Historiografia da imigração para São Paulo*. São Paulo: Editora Sumaré /Fapesp.

FREITAS, Sônia Maria de. 1999. *E chegam os imigrantes...: o café e a imigração em São Paulo*. São Paulo: edição da autora.

FREITAS, Sônia Maria de; RODRIGUES, Ondina Antonio. 1999. *Imigração espanhola no estado de São Paulo*. São Paulo: Memorial do Imigrante/Museu da Imigração (Série Resumos, n. 2).

LEITE, Dante Moreira. 1983. *O caráter nacional brasileiro*. São Paulo: Pioneira.

NAXARA, Márcia Regina Capelari. 1998. *Estrangeiro em sua própria terra: representações do brasileiro: 1870-1920*. São Paulo: Annablume.

PAIVA, Odair da Cruz. 2002. *Colonização e (des)povoamento*. São Paulo: Pulsar.

PAIVA, Odair da Cruz. 2004. *Caminhos cruzados: a migração para São Paulo e os dilemas da construção do Brasil moderno nos anos 1930-50*. Bauru: Edusc.

_____. 2007. *Migrações internacionais: desafios para o século XXI*. São Paulo: Memorial do Imigrante.

RODRIGUES, Ondina Antonio. 1999. *Imigração japonesa no Brasil*. São Paulo: Memorial do Imigrante/Museu da Imigração (Série Resumos, n. 4).

_____. *Imigração portuguesa no Brasil*. 1999. São Paulo: Memorial do Imigrante/Museu da Imigração (Série Resumos, n. 5).

RODRIGUES, Ondina Antonio; DI FRANCESCO, Nelson. 1999. *Imigração italiana no estado de São Paulo*. São Paulo, Memorial do Imigrante/Museu da Imigração (Série Resumos; n. 1).

PINTO, Maria Inêz Machado Borges. 1994. *Cotidiano e sobrevivência: a vida do trabalhador pobre na cidade de São Paulo (1890-1914)*. São Paulo: Edusp/Fapesp.

POPPE, Paulo. *Leis immigratórias*. 1934. *Boletim do Ministério do Trabalho, Indústria e Comércio*. Rio de Janeiro, n. 3, nov.

PRADO Jr., Caio. 1944. *Problemas de povoamento e pequena propriedade. Boletim do Ministério do Trabalho, Indústria e Comércio*. Rio de Janeiro, n. 115, mar.

SALES, Alberto. 1983. *A pátria paulista*. Brasília: Ed. da UnB.

SANTOS, Carlos José Ferreira dos. 1998. *Nem tudo era italiano: São Paulo e pobreza (1890-1915)*. São Paulo: Annablume/Fapesp.

SANTOS, Ivison Poleto. A Sociedade Promotora de Imigração e o Financiamento Público do Serviço de Imigração. 2007. Dissertação (Mestrado) FFLCH. Departamento de História-USP.

SCHIMIDT, Carlos Borges. 1942. *Rasgando os horizontes: a Secretaria da Agricultura em seu cinqüentenário*. São Paulo: Secretaria da Agricultura.

ZENHA, Edmundo. 1950. "A colônia alemã de Santo Amaro". *Revista do Arquivo Municipal*. São Paulo, ano 16, n. 132, mar.

SUGESTÕES DE LEITURA

DE DECCA, Maria Auxiliadora Guzzo. 1987. *A vida fora das fábricas: cotidiano operário em São Paulo, 1920-1934*. Rio de Janeiro: Paz e Terra.

FAUSTO, Boris. 1991. *Historiografia da imigração para São Paulo*. São Paulo: Editora Sumaré /Fapesp.

PAIVA, Odair da Cruz. 2004. *Caminhos cruzados: a migração para São Paulo e os dilemas da construção do Brasil moderno nos anos 1930-50*. Bauru: Edusc.

PINTO, Maria Inêz Machado Borges. 1994. *Cotidiano e sobrevivência: a vida do trabalhador pobre na cidade de São Paulo (1890-1914)*. São Paulo: Edusp/Fapesp.

SANTOS, Carlos J. Ferreira dos. 1998. *Nem tudo era italiano: São Paulo e pobreza (1890-1915)*. São Paulo: Annablume/Fapesp.

APONTAMENTOS CRONOLÓGICOS

1827 Chegam 226 imigrantes alemães oriundos da Baviera e hospedam-se no hospital militar, atualmente Praça do Correio. No grupo havia tanto católicos quanto protestantes.

1828 Os imigrantes protestantes fixaram-se em Santo Amaro e os católicos, em Itapecerica da Serra.

1830 a 1860 Os imigrantes eram alojados em abrigos na cidade de Santos, como Arsenal da Marinha. Pelas dificuldades da subida da serra para chegar em São Paulo, achou-se melhor mantê-los onde desembarcavam e de lá para os destinos definitivos.

1850 Proibição do tráfico de escravos para o Brasil.

1867 Construção da estrada de ferro São Paulo Railway.

1872 Lei do Ventre Livre.

1878 Criação da primeira hospedaria pelo Governo Provincial, no então núcleo colonial de Sant'ana – Hospedaria de Sant'ana.

1881 Lei nº 36, de 21 de fevereiro, autoriza a construção da segunda hospedaria, no bairro do Bom Retiro, com capacidade para 500 pessoas.

1885 Lei nº 56, de 21 de março, autoriza a construção de uma hospedaria próxima à linha férrea norte, inglesa (São Paulo Railway).

1886 Inicia-se a construção da Hospedaria do Brás, no governo de Antonio de Querioz, o visconde de Parnaíba.

1886 Início da construção do prédio.

1887 Ainda inacabada, a Hospedaria recebe os primeiros imigrantes.

1888 Término da construção e início das atividades. A administração estava a cargo da Sociedade Promotora de Imigração.

1892 A Sociedade Promotora de Imigração é afastada de sua administração e passa a ser vinculada à recém-criada Secretaria da Agricultura, Comércio e Obras Públicas.

1893 Um surto de cólera transfere a Hospedaria para São Bernardo do Campo, por vinte dias; mas esta funcionou paralelamente até 1896.

1905 Instituído o Departamento de Terras, Colonização e Imigração (DTCI), que passa a administrar a Hospedaria.

1911 A administração passa para o Departamento Estadual do Trabalho.

1924 Em virtude da Revolução de 1924, algumas dependências da Hospedaria foram utilizadas como presídio político, sob o controle da Secretaria de Segurança Pública.

1929 A Hospedaria aloja os desabrigados da maior enchente ocorrida na cidade.

1932 Ano da Revolução Constitucionalista – ocupada pela Força Pública, a Hospedaria é utilizada como prisão para os getulistas (partidários do presidente Getulio Vargas).

1936 O prédio passa por uma reforma que altera algumas de suas características originais.

1939 O DTCI, reinstalado em 1935, é transformado em Serviço de Imigração e Colonização (SIC). Nesse ano foi criada a Inspetoria de Trabalhadores Migrantes (ITM) com o objetivo de coordenar os trabalhos de recepção, triagem e encaminhamento de trabalhadores nacionais para as fazendas no interior do estado.

1943 Com a entrada do Brasil na Segunda Guerra Mundial (1942), o Departamento de Ordem Pública e Social (DOPS) deixa sob guarda, na Hospedaria, alguns imigrantes japoneses e alemães considerados como "súditos do Eixo". Naquele mesmo ano, foi instalada a Escola Técnica de Aviação, que ali permaneceu até 1951. Nos anos 1950, novas obras foram feitas no edifício.

1967-68 Com a criação da Secretaria de Estado da Promoção Social, a Hospedaria recebe o nome de Departamento de Migrantes (DM), ligado àquele órgão. Mais tarde funcionará juntamente com o Serviço de Imigrantes Estrangeiros (SIE).

1982 O conjunto arquitetônico é tombado pelo Conselho de Defesa do Patrimônio Histórico, Arqueológico, Artístico e Turístico (Condephaat).

1986 É criado o Centro Histórico do Imigrante, vinculado à Secretaria de Estado da Promoção Social.

1993 É criado o Museu da Imigração que, subordinado à Secretaria de Estado da Cultura, passa a administrar o acervo do Centro Histórico do Imigrante.

1998 É criado o Memorial do Imigrante.

SOBRE OS AUTORES

ODAIR DA CRUZ PAIVA

Doutor em História Social pela Universidade de São Paulo. Professor do Departamento de Ciências Políticas e Econômicas e do Programa de Pós-graduação em Ciências Sociais da Universidade Estadual Paulista (Unesp), campus de Marília. É pesquisador do Memorial do Imigrante, do Núcleo de Estudos de População (Nepo) da Universidade Estadual de Campinas (Unicamp) e do Laboratório de Estudos sobre a Intolerância (LEI) da Universidade de São Paulo (USP). Autor, entre outros trabalhos, de *Caminhos cruzados* (Edusc, 2004), *Colonização e (des) povoamento* (Pulsar, 2002) e *Migrações internacionais* (Memorial do Imigrante, 2007).

SORAYA MOURA

Formada em História pela Universidade São Paulo (USP). Desenvolveu trabalhos para publicações de história e memória de ruas e bairros de São Paulo, associações empresariais e preservação do patrimônio. Atualmente exerce o cargo de Coordenadora de Projetos do Memorial do Imigrante.

Impressão e Acabamento